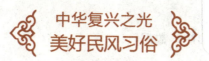

中华复兴之光
美好民风习俗

民间嫁娶礼俗

梁新宇 主编

汕头大学出版社

图书在版编目（CIP）数据

民间嫁娶礼俗 / 梁新宇主编. -- 汕头 ： 汕头大学
出版社，2017.1（2023.8重印）
　（美好民风习俗）
　ISBN 978-7-5658-2821-8

Ⅰ．①民… Ⅱ．①梁… Ⅲ．①婚姻－风俗习惯－中国
Ⅳ．①K892.22

中国版本图书馆CIP数据核字(2016)第293475号

民间嫁娶礼俗　　　　MINJIAN JIAQU LISU

主　　编：梁新宇
责任编辑：邹　峰
责任技编：黄东生
封面设计：大华文苑
出版发行：汕头大学出版社
　　　　　广东省汕头市大学路243号汕头大学校园内　邮政编码：515063
电　　话：0754-82904613
印　　刷：三河市嵩川印刷有限公司
开　　本：690mm×960mm 1/16
印　　张：8
字　　数：98千字
版　　次：2017年1月第1版
印　　次：2023年8月第4次印刷
定　　价：39.80元
ISBN 978-7-5658-2821-8

前言

党的十八大报告指出："把生态文明建设放在突出地位，融入经济建设、政治建设、文化建设、社会建设各方面和全过程，努力建设美丽中国，实现中华民族永续发展。"

可见，美丽中国，是环境之美、时代之美、生活之美、社会之美、百姓之美的总和。生态文明与美丽中国紧密相连，建设美丽中国，其核心就是要按照生态文明要求，通过生态、经济、政治、文化以及社会建设，实现生态良好、经济繁荣、政治和谐以及人民幸福。

悠久的中华文明历史，从来就蕴含着深刻的发展智慧，其中一个重要特征就是强调人与自然的和谐统一，就是把我们人类看作自然世界的和谐组成部分。在新的时期，我们提出尊重自然、顺应自然、保护自然，这是对中华文明的大力弘扬，我们要用勤劳智慧的双手建设美丽中国，实现我们民族永续发展的中国梦想。

因此，美丽中国不仅表现在江山如此多娇方面，更表现在丰富的大美文化内涵方面。中华大地孕育了中华文化，中华文化是中华大地之魂，二者完美地结合，铸就了真正的美丽中国。中华文化源远流长，滚滚黄河、滔滔长江，是最直接的源头。这两大文化浪涛经过千百年冲刷洗礼和不断交流、融合以及沉淀，最终形成了求同存异、兼收并蓄的最辉煌最灿烂的中华文明。

五千年来，薪火相传，一脉相承，伟大的中华文化是世界上唯一绵延不绝而从没中断的古老文化，并始终充满了生机与活力，其根本的原因在于具有强大的包容性和广博性，并充分展现了顽强的生命力和神奇的文化奇观。中华文化的力量，已经深深熔铸到我们的生命力、创造力和凝聚力中，是我们民族的基因。中华民族的精神，也已深深植根于绵延数千年的优秀文化传统之中，是我们的根和魂。

　　中国文化博大精深，是中华各族人民五千年来创造、传承下来的物质文明和精神文明的总和，其内容包罗万象，浩若星汉，具有很强文化纵深，蕴含丰富宝藏。传承和弘扬优秀民族文化传统，保护民族文化遗产，建设更加优秀的新的中华文化，这是建设美丽中国的根本。

　　总之，要建设美丽的中国，实现中华文化伟大复兴，首先要站在传统文化前沿，薪火相传，一脉相承，宏扬和发展五千年来优秀的、光明的、先进的、科学的、文明的和自豪的文化，融合古今中外一切文化精华，构建具有中国特色的现代民族文化，向世界和未来展示中华民族的文化力量、文化价值与文化风采，让美丽中国更加辉煌出彩。

　　为此，在有关部门和专家指导下，我们收集整理了大量古今资料和最新研究成果，特别编撰了本套大型丛书。主要包括万里锦绣河山、悠久文明历史、独特地域风采、深厚建筑古蕴、名胜古迹奇观、珍贵物宝天华、博大精深汉语、千秋辉煌美术、绝美歌舞戏剧、淳朴民风习俗等，充分显示了美丽中国的中华民族厚重文化底蕴和强大民族凝聚力，具有极强系统性、广博性和规模性。

　　本套丛书唯美展现，美不胜收，语言通俗，图文并茂，形象直观，古风古雅，具有很强可读性、欣赏性和知识性，能够让广大读者全面感受到美丽中国丰富内涵的方方面面，能够增强民族自尊心和文化自豪感，并能很好继承和弘扬中华文化，创造未来中国特色的先进民族文化，引领中华民族走向伟大复兴，实现建设美丽中国的伟大梦想。

目 录

婚姻制度

婚姻礼俗

婚姻文化

婚姻制度

在人类社会发展的初期，虽然有两性的结合，但这种结合的目的是为了人种的自然繁衍，纯属一种自然现象。所以，这种两性之间的结合，严格来讲不能称为婚姻。

随着社会的发展，男女之间的结合不仅渐渐形成一定的规范，而且逐步产生了相应的婚姻制度和某些特定的婚俗。这时的男女结合，是以得到社会的许可为特征的。有关婚姻法律的出现，将男女之间构成婚姻的原则，用条文的形式固定下来，使婚姻不仅得到社会的认可，而且受到法律的承认和保护，这是人类婚姻的一个巨大进步。

一夫一妻制度的形成

在远古的时候，我国西北有一个华胥国，国内有个大湖泊名叫雷泽，是雷神居住的地方。雷泽两岸为雷河，华胥国的人民都聚居在雷河两岸。

华胥国有个叫华胥氏的女人，据说她是中华民族人文始祖伏羲的母亲。

有一次，华胥氏来到水波荡漾的雷泽湖边游玩，观赏着美丽的湖光山色，姑娘沉醉了。漫步之际，她忽然看见水泽边绿茵茵的草地上，有一个巨大的人的脚

印，觉得很好奇，就欣然用自己纤细的小脚去踩那巨人的脚印。

刚踩上去，华胥氏就感到一股暖流流过丹田，一种幸福的感觉使她久久不愿离去。她哪里知道，当那巨大的足印向她身上注入幸福的热流之后，她就怀上了这雷泽之主雷神的儿子，也就是后来的伏羲。

不久，华胥氏就生下了伏羲。在她的培养教育下，伏羲成长为一个聪明勇敢、风姿秀美的青年。

这一天，伏羲躺在大树下休息，偶然间看到蜘蛛编网捕捉苍蝇进食的过程，他灵机一动，起身跑到草地，拔草编织草绳，再用草绳纵横交错网络，最后织好了一张大网。

伏羲叫来当时还不懂得农耕的山民，让他们拿着这张大网去捕捉鸟兽和鱼，很快获得了成功。他又教山民用皮革编织成衣服，还教山民钻木取火，极大地改善了当时人们的生活。

尔后，伏羲还推演天地万物的变数，画成八卦，乾、坤、坎、离、艮、震、巽、兑，并教山民用八卦符号记事，方便了当时还没有

文字的山民相互间的沟通交往。

后来，伏羲娶妹妹女娲为妻，生儿育女，创造了人类，开辟了世界。由于伏羲结绳为网、钻木取火、以八卦记事、兄妹相婚等功绩，被后来的人们誉为上古"三皇"之一，尊称他为"人祖爷"，并认为他是渔猎文明时代的文化英雄。

为了纪念伏羲，人们在河南淮阳地区一个绿树掩映的环境中，建造起了一座"伏羲陵"，当地人称之为"人祖庙"。人们经常到此烧香祈拜，除祈求农事丰收之外，也表达了盼望得子的意愿。

这个故事，体现了我国古人在原始状态下的一种婚姻形式，也就是"感生说"，反映了当时的人们对生育原理的最初认识。

由于当时的人们群居野处，没有固定的伴侣，两性的交往也无任何习俗和理性的约束，常常"知母不知父，无亲戚、兄弟、夫妻、男女之别"，因此不可能构成家族。

随着原始经济的缓慢发展和原始人生活经验的积累，特别是学会了利用火，于是，在血缘家族的内部，开始产生了婚姻禁例，开始排斥亲子通婚，只允许同辈男女发生婚姻关系。这就是我国古代的第一个婚姻形式，称为"血族婚"，也叫"血缘婚"。

这种同辈血缘婚制，在我国古文献中多有记载，如南朝刘宋的史学家范晔编撰的《后汉书·南蛮传》中，就记述了高辛氏之女和盘瓠结合，生育六男六女，其子女相互婚配的传说。

东汉泰山太守应劭著的《风俗通》中说，女娲是伏羲之妹，后世出土的汉墓石刻上，伏羲、女娲为"人首蛇身，两尾相交"的造型，

"两尾相交"即夫妻的象征，表明女娲、伏羲既是兄妹，又是夫妻对偶神。我国少数民族的民间传说中，兄妹通婚的故事也流传甚广。

还有苗族的《伏羲姊妹制人烟》、彝族的《梅葛》、布依族的《姊妹成亲》、壮族的《盘古》、纳西族的《创世纪》等史籍中，都有兄妹通婚的记述。这类传说虽多主观虚构的成分，但反映的却是原始社会血缘婚的普遍现象。

后来出现了族外婚，也称"亚血族婚"或"普那路亚婚"，族外婚是继血族婚后出现的婚姻形式。

在这种婚姻形式下，本氏族的兄弟姊妹已不能通婚，必须在相互通婚的对方氏族的女子或男子中寻找配偶。同样，对方氏族中的兄弟或姊妹，则在本氏族中的女子或男子中寻找配偶。这样，父亲是集体父辈，母亲为集体母辈，成为共夫或共妻。

男子去世后，都要葬在各自出生的氏族墓地，而不能和本氏族的姊妹同墓合葬。所生的子女属于女方氏族，去世后与母亲同葬，不能与父亲合葬。

考古发掘中也发现了新石器时期男女分区聚集埋葬的墓地。山东兖州王因村有男性同葬墓10座，女性同葬墓7座。华阳县横陈村，有妇女与幼儿合葬墓。这正是族外婚在葬俗上的反映。

到了原始社会后期，由群婚制变为对偶婚制，即一男子在许多妻子中择一女为"主妻"，即正妻，其余为副妻。而一女子在许多的丈夫中择一男为"主夫"，即正夫，余者为副夫。

对偶婚仍以女子为中心，女娶男嫁，实行族外婚，夫从妻居，从而改变了过去子女"知其母而不知其父"的状况。婚制的变化，使生父的身份得以确定，这就从血缘结构上为父系氏族和一夫一妻制的出现创造了条件。

随着氏族社会的发展，族外婚的配偶范围逐渐缩小，异姓同辈男女，在或长或短的时期内对偶同居，便成为对偶婚。

其间，与长姊配偶的男性，有权把她的达到一定年龄的妹妹也娶为妻，叫"妻姊妹婚"。

对偶婚的男女，分别在自己母系氏族生活，成年男子到异姓女子氏族过着"暮合朝离"的同居生活，两性的结合并不固定，知其母不知其父的情况仍然存在。世系仍按母系计算，女子在家庭和社会中享有崇高地位。

对偶婚的男女实行长期同居，逐渐形成一夫一妻的个体婚。这种社会转变相传完成于虞舜、夏禹之际。我国古代传说中的舜娶尧之二女和象企图谋害舜，说明此时尚未脱离对偶婚的遗习。

《尚书·舜典》的敬敷五教即父义、母慈、兄友、弟恭、子孝中，尚未提出夫妻的伦理道德规范，说明夫妻关系尚不稳定。到了禹娶涂山氏之女而生启时，夫妻关系才正式固定下来。

一夫一妻制具有两个特点：一是产生了爱情的萌芽，爱情具有专一性和排他性，这是排斥群婚的一大进步；二是夫妻共同经营家庭经济，使个体家庭从母系氏族中分离出来，成为现实。

奴隶制时期的"婚姻"概念，可以这样来理解。"婚"即黄昏的"昏"，封建时代的"娶妻以昏时"，就是它的遗意。"姻"同"因"。曹魏时的古汉语训诂学者张揖的《广雅释诂》说："因、友、爱，亲也。"意思是说，男女在黄昏时约会，结成亲密的伴侣。

处于父系氏族社会时期的云南基诺族，称得上是一个懂得爱情的少数民族。该族青年男女在16岁举行成年仪式后，就可以开始谈情说爱了。这些男女参加叫"饶考"或"米考"的社团组织，开始结识异性朋友。经过"巴漂"即私下相恋、"巴宝"即公开爱情和"巴里"即追求同居的三个阶段，然后由父母出面议婚，订婚，然后再结婚。

进入阶级社会后，男子居于绝对领导地位，择妻制度被保留下来。至夏商时期，一元化的一夫多妻的婚姻制度正式形成。然而，夏商两代国王的多妻使得王子甚多，因其母不分嫡庶，众子均有王位继承权。所以，在王位交接时，众王子之间常常产生矛盾冲突，甚至祸起萧墙，流血拼争。

周代吸取了夏商时期的教训，通过实行一夫一妻多妾的婚姻制度，确定了王位的归属，成功地解决了王位继承的难题。

西周时期的宗法制度规定，从天子到诸侯、百姓，一个男子只能有一个妻子，即正妻，也称嫡妻，正妻必须经过聘娶大礼迎娶。

在《华阳国志》中有一则这样的记载，说在云南的哀牢山上有一个妇人，名叫沙壹，以捕鱼为生，过着自给自足的生活。有一天，沙壹和往常一样前往河边捕鱼，但是她刚挽起自己的裤腿下到河里，忽然在水中触到一沉木，遂感而有孕，生下了10个男孩。与此同时，在哀牢山下又有一对夫妇，生下了10个女孩。

沙壹的孩子和另一对夫妇的孩子长大以后，他们就互相婚配，这才开始有了世间的人们。这也是一个"感生说"的神话传说。

知识点滴

从夫居与从妻居的斗争

当一夫一妻制家庭成为个体经济单位，它便从母系氏族公社中分裂出来，男女结合由从妻居逐渐变为从夫居，家长由女性变为男性。这是一个历史性的转变，而从夫居与从妻居的转变过程显得特别激烈。

在母系氏族社会，男子习惯于从女方居住，女方是家长，男子是伴宿的过客。到了一夫一妻制时期，丈夫成了家长，妻子从夫居，处于从属地位。因此，便出现了女子抵制出嫁，新婚之夜，新娘不与新郎同房，而由送亲的妇女与新娘伴宿的风俗。

新娘在第二天给夫家挑几挑水，又回到娘家，仍过自由的生活。有了身孕后，丈夫才把她接回去"坐家"，不准再有外遇。

南方有的少数民族女子有三回九转的婚

俗，说明结婚次数很多。只有在第四次结婚时才算数。因此，新娘从第一次结婚到夫家去"坐家"，少则两三年，多则十几年。还有的少数民族女子要举行两次婚礼。第一次在新娘家中举行，新娘仍住在娘家。过了三年，新娘去男家举行第二次婚礼，才算正式夫妻。

赘婚也是夫从妻居的一种婚姻形式。它是在有子无财的贫户与有女无儿的富户之间发生的婚姻关系。贫困之家缺乏给子弟娶媳妇的聘财，只得让子弟到女家从事一定期限的无偿劳动，以达到娶到妻子的目的。这就是古书中说的"家贫无有聘财，以身为质"的意思。

入赘的男子在女家劳动，要受女子和女家的监督，并经受各种艰苦的考验，以证明自己有养家糊口的能力，才能成为赘婿。否则，就会被女家撵走。《诗经·小雅·我行其野》中，便描写了一个赘婿被女家驱逐后，在野外奔波的心情。

抢婚与逃婚的斗争也是一夫一妻制时期的一个习俗。抢婚一般发生在男女相爱之后，因结婚受到女方家长的阻挠，他们为了达到结婚的目的，便与所爱之人私下约定抢婚的时间和地点。

届时，男子邀约伙伴前来抢亲，女子假装哭叫，表示拒绝，引起女家亲属和邻居赶到出事地点，男方一行人便挟持女子设法逃走。然后由男方家长派媒人到女家求亲。双方取得一致意见后，女子到男家举行正式的结婚仪式。

有些少数民族规定，在娶第一个妻子时，可以在联婚中给中意女子的家长送财礼，然后把她抢走。有些少数民族中保存着女子在婚前哭嫁的习俗。反映出她们留恋母家，对陌生的夫家心怀恐惧的矛盾心情。如汉魏乐府民歌《白头吟》：

凄凄复凄凄，嫁娶不须啼。
愿得有心人，白头不相离。

女子之所以伤心啼哭，就是因她所嫁的不一定是"有心人"。此外，在原始社会的婚姻中，还存在着女子血缘是从父系还是从母系的不同观念。

比如在子女命名的问题上，由父子连名代替原先的母子连名，我国的基诺族、布朗族尚保留着这种遗俗。再如产翁制，子女本是母亲生育的，做父亲的为了夺取子女的所有权，便在妻子分娩后，装作生育的样子在床上"坐褥"，接受亲友的祝贺，而让产妇下地干活，哺

乳婴儿。据史书记载，我国的仡佬族、壮族、傣族和苗族，都长期盛行产翁制婚。

"审"新娘是普米族特有的一种婚俗，普米族实行父权制下的一夫一妻制。在"审"新娘的活动中，便体现出夫权意识。

当新娘来到夫家，先由村里的老人向新娘交代规矩，然后把新娘带到无男人的地方谈心，劝新娘交代出她从13岁成年后，在娘家交过多少朋友，有什么隐情，都要在这个时候讲清楚，告诉新娘这样做对本人、对新郎、对全家都有好处。

新娘如实讲出来，表示与过去划清了界限。通过这种方式，妻子迁到自己的氏族来居住，变从妻居为从夫居。从此以后，世系便依父系计算，财产按父系继承。

在父系制的早期阶段，往往还保留着妻方居住婚的残余。随着一夫一妻婚个体婚制的确立，夫方居住婚即成为主要的婚姻形式。

生活在海南岛黎族的对偶婚称"放寮"，异姓青年男女可以到对方的寮房自由地结交伴侣。纳西族称对偶婚为"阿柱婚"，对内称"主子主米"，即最亲密的伴侣。该婚俗也称"走访婚"。从对偶同居，发展为一夫一妻制婚，夫妻不再称"阿柱"，称丈夫为"寨叔巴"，称妻子为"楚米"。在称谓上反映出婚制的改变。

对偶婚虽然是男女双方自愿选择结合，但在同居期间，双方仍享有交结新欢的权利，互不干涉。由于它是介乎群婚与一夫一妻制之间的过渡性婚姻形态，随着母系氏族社会日趋衰落，原来不是很固定的对偶婚，逐渐转变为一夫一妻制。

知识点滴

西周礼制下的婚姻礼俗

传说在远古时期，洪水经常泛滥，几乎所有的人和动物都被淹死了，只剩下了伏羲和女娲兄妹。太白金星叫他们结婚，生育后代，但他们认为两人是兄妹，便不肯答应。太白金星告诉他们说，如果不这样的话人类就会灭绝。

伏羲和女娲提出条件说，如果能将割成许多段的竹子再接起来，就可以结婚。后来果真把竹子接上了，而且有许多竹节。两人还是不愿答应。

伏羲和女娲又提出条件说，从两座山上往下滚两个盘石磨，如果石磨能滚合到一起，就可以结婚。但是当石磨又合在一起后，他们仍然不肯答应。

这时，女娲又出了一个主意，如果伏羲能够追上自己，就可以成婚。结果，伏羲始终追不上女娲。后来，一只乌龟教伏羲从山的另一面沿着相反的方向追赶。女娲没有防备，被伏羲追上。就这样，两人只好成婚。

由于伏羲、女娲的成婚，才传下了后世的人类。

而伏羲追女娲，也成为了我国最早的婚礼仪式。

在氏族社会，男女之间的婚配，大都实行氏族外婚或部落外婚。男子成婚，必须要到另外一个氏族或部落去寻找配偶。在当时女性比较少的情况下，男子要得到配偶，是非常困难的事。一旦得到配偶，哪怕是抢来的，全氏族或部落的人都要为此而庆贺，有时还要设宴欢庆。这就是婚礼的原型。

此外，婚礼的功能还在于通过一定的形式向族人和社会宣告婚姻的成立，以便得到社会的认可。

据北宋刘恕的《通鉴外纪》记载，在上古时候，男女无别，从太昊开始才设嫁娶之宜，以俪皮，即成双的鹿皮为礼。从此，俪皮就成了经典的婚礼聘礼之一。之后，除了俪皮之礼外，还必须先禀告父母。

在一夫一妻制时期，婚姻以男女互爱为基础，但必须征求父母的意见，父母不能专断。如游牧在额尔古纳河畔的鄂温克族，在男女因

相爱订婚前，必须经家长表示意见，男方家长要向女家赠送驯鹿、酒和灰鼠皮作为聘礼。结婚时，双方家长要给新婚夫妻赠送驯鹿，作为他们共同生活的物质资料。

儒家典籍《仪礼》中的《婚礼》篇规定，用雁、俪皮作为婚礼物品，与鄂温克族以驯鹿作为聘礼是相通的。说明雁与俪皮是古老婚俗的遗习。

进入阶级社会后，婚礼改用布帛、金银及牛马等大牲畜，男子娶妻所用的聘礼，更显得大气而庄重。

古代祭祀神媒，表达了人们"联婚姻、通行媒"的美好愿望。而在缔结婚姻的过程中，媒人占有特殊的地位。

媒人是在一夫一妻制形成后才出现的。这时的媒人，大都是本氏族中享有威信的长者。他们受男方家长的嘱托，为青年男女的婚事奔走，认为这是成人之美。在两家遇到麻烦时，媒人也积极想办法从中斡旋，从而受到人们的尊敬。

西周时期，奴隶主贵族在很大程度上保留了血缘关系的氏族组织，并在此基础上建立起血缘关系、政治关系高度一致的宗法政治制度。以政治、血缘双重标准构建"家""国"一体的宗法政权体制。

"家"是西周社会的基本组成单位。以血缘上的亲疏和血统上的嫡庶为标准，整个社会被划分成不同层次的"大宗""小宗"。在西周典型的宗法政治体制下，婚姻制度具有明显的宗法特征。

根据西周宗法制度，婚姻的目的在于延续血脉，《礼记·婚义》中记述婚姻"合两性之好，上以事宗庙，下以继后世。"宗法制度注重亲疏、嫡庶的区别，为明确嫡庶，西周严格实行一夫一妻制。

据《礼记·曲记》记载，西周时期，"天子有后，有夫人，有世妇，有嫔，有妻，有妾。""恭候有夫人，有世妇，有妻，有妾。"明媒正娶的嫡妻只有一个，不得以妻为妾，也不得以妾为妻。

同时，婚姻关系的成立，必须得到家庭与社会的认可。就家庭而言，首先必须经父母同意，没有父母同意，男不得婚，女不得嫁。就社会而言，男女缔结婚姻，必须经媒人说合。"娶妻如之何，必告父母""娶妻如之何，匪媒不得"；这一原则，为后世沿用，并逐渐形成制度。

古代的婚姻礼仪指从议婚至完婚过程中的6种礼节，即纳采、问名、纳吉、纳征、请期、亲迎。这一娶亲程式，周代即已确立，最早见于《礼记·婚义》。

古时男家去女家迎亲时，均在夜间。并且迎亲的人均穿黑衣，车马也用黑色。此俗与后世白天迎亲、穿红色服饰的婚俗，迥然不同。

"六礼"的名称和仪式，在古代

婚姻制度发展史上影响十分深远。以后各朝婚姻成立的形式要件，虽不一定经过6道礼仪程式，但"六礼"的名称却一直相传下来。

古代对刚入门新妇的姿态也十分的讲究。西周时期，要求男方要先到女方的家庙拜祭其祖先，然后再用车接女方到男家。将女方迎进男方家门后，还要举行夫妇同器共餐、共饮交杯酒等仪式。次日尚须留在家中以谒见舅姑。如舅姑先已去世，则3个月后在家庙祭奠舅姑，此称为"庙见之礼"。

庙见完成后，该女子便正式成为家族成员。至此婚礼始告完成，婚姻最终成立。

在我国古代，解除婚姻关系也形成了一套完整的制度，称为"七出三不去"。

"七出"又称"七去"，是西周时确立的男方家可以休妻的七项条件。《大戴礼》中记载"妇有七去：不顺父母，去；无子，去；淫，去；妒，去；有恶疾，去；口多言，去；盗窃，去。"只要女子有其中的任何一条，夫家就可以合礼、合法地解除婚姻关系。

解除婚姻关系也有一些限制性条件，按西周的礼制，女子在三种情况下，可以不被夫家休弃，即所谓"三不去"。具体为"有所娶无所归，不去；与更三年丧，不去；前贫贱后富贵，不去。"

意思是说，女子被休弃时娘家已无亲人的，不能休妻；女子嫁入夫家后与丈夫一起为公婆守孝三年的，不能休妻；女子嫁入夫家时贫贱以后变得富贵的，不能休妻。

按照礼制的要求，"妻者，齐也"，夫妻应为一体，贫贱时娶之，富贵时休之，义不可取，故不能休妻。对男家任意出妻的限制性规定，虽是出于维护宗法伦理秩序的需要，但也反映了我国古代婚姻制度中人道主义精神的一面和对妇女合法权益的特别保护。

"七出三不去"的影响也极为深远，汉唐乃至明清，各代法律中关于解除婚姻的条件和限制的相关规定，大体均未超出其范围。

据《周礼》记载，周朝管理婚姻事务的官职为媒氏。媒氏负责书写颁发婚书。《周礼·地官·媒氏》："媒氏掌管万民之判。"郑玄注曰："判，半也。得耦为合，主合其半，成夫妇也。"清代学者俞樾认为，这里的判即是判书。周朝时的婚书，一般写在一片竹简或木简上，然后把它分开，男女双方各拿一半，作为婚姻的法律凭证。婚书分官方婚书和民间婚书。民间婚书又叫私约，是指男女双方缔结婚姻，未去上报官府，只是双方与中间人私下签署的婚约。对待私约，各代朝廷态度不一。有的明令禁止，不予承认。有的较宽容，承认私约有效。其实在民间，私约婚书一直盛行不止。

知识点滴

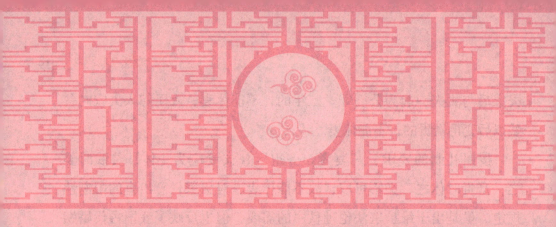

初成规模的秦代婚制

公元前221年，秦王嬴政统一了六国，自称为始皇帝，也就是秦始皇。秦始皇在中央创建皇帝制度，实施三公九卿，管理国家大事。

秦始皇在治国过程中，充分认识到健全的法制对于国家富强的重大意义，奉行法家学派的法治、重刑理论。由此，秦代在婚姻制度上

就较少受儒家礼教观念的影响，与其前后朝代婚姻制度相比，颇具特色。

秦代法律在关于婚姻的成立条件、婚姻的形式、夫妻双方的权利义务，以及婚姻的解除等方面，都作了较具体的规定。

秦代法律规定，婚姻成立首先是要达到成婚年龄。秦代把男

子身高六尺五寸作为成年的标准，举行冠礼。冠礼之后就具有了结婚的条件了。

秦代把女子身高六尺二寸作为成年的标准，女子成人才"许嫁"，也就是具有结婚的条件了。这仅仅是一般的规定，在执行上并不严格。秦简中有女子"小未盈六尺"而"为人妻"的事例。

在成婚之前，首先要经官府登记。在秦简中记载，结婚只有到官府登记，婚姻方始成立。《法律答问》载：

> 有女子甲为人妻，去亡，得及自出，小未盈六尺，当论不当？已官，当论；未官，不当论。

意思是说，女子甲为人妻，私逃，被捕获以及自首，年小，身高不满六尺，应否论处？答曰：婚姻曾经官府认可，应论处；未经认可，不应论处。可见，凡是经官府登记的婚姻，是受到法律保护的。

在秦代法律中还规定了夫妻双方的权利义务。女子结婚后有到丈

夫家生活的义务，丈夫是一家之主，如果丈夫犯罪被处以流刑，妻子必须随丈夫到流放地共同生活。结婚后的家庭财产包括妻子陪嫁的财产在内，都是由丈夫来支配的。

妻子犯罪服刑，其一切财物归丈夫所有。《法律答问》中也有相关记载。

秦代法律保护妻子的人身不受丈夫侵犯。丈夫殴打妻子属违法行为。如秦代法律中明确规定，丈夫不得任意伤害妻子，即使妻子凶悍，也不准将其殴打致伤，否则丈夫将受耐刑的处罚。耐刑就是强制剃除鬓毛胡须而保留头发。

秦代法律还非常注重维护夫妻关系的稳定，夫妻间需相互忠诚，男女通奸法律上认定是双方都犯罪。

妻子有控告丈夫犯罪的权利。秦代法律规定，"夫有罪，妻先告"，可以不被籍没为官府奴婢，其陪嫁奴婢、衣物也可以不被没收。从中可以看出，妻在家庭中的地位，较后世略高。

在秦代法律中也制定了婚姻关系解除的律令。秦代法律规定，解除婚姻须经官府登记认可，否则，将构成"弃妻不书"罪，男女双方均要处罚。《法律答问》记载了丈夫如果休妻不向官府登记，夫妻双方都要被处以"赀二甲"即罚货两箱的刑罚。

秦代法律中还规定，由于夫或妻的一方死亡，婚姻就在事实上解除，生存的一方有权再婚。但是，这种再婚权，仅仅适用于生存者是男子一方的情况下，并不完全适用于生存者是女子一方的情况。也就是说，有儿子的妇女必须与死去的丈夫在法律上继续保持夫妻关系。

秦代法律保护丈夫有休妻的权利。如果妻子对婚姻不满，仅有狭窄小路可以走。至于弃妻的条件是否是"七去之条"，出土的秦简没有反映。

此外，秦代法律对夫权有所限制，对妇女人身权利的保护，也超过后世的历代王朝。

古代成婚的年龄，各朝代并不相同。春秋时期，男子20加冠，女子16及笄，即可结婚；又谓"男30而娶，女20而嫁"，是为不失时。《汉书·惠帝纪》中就明文记载："女子年15以上至30不嫁，五算。""五算"就是罚她缴纳五倍的赋税。

其实，我国古代早婚的现象也很严重，宋代曾有"凡男年15，女年13，并听婚嫁"的规定。《后汉书·班昭传》中就记载：班昭"年十有四，执箕帚于曹氏。"《汉书·上官皇后传》中甚至有"月余遂立为皇后，年甫6岁"的记载。但一般都是在20岁前后。

知识点滴

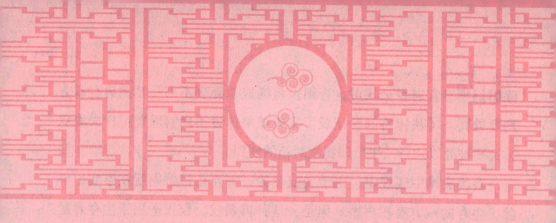

汉唐律令对婚姻的维护

汉代和唐代，是我国历史上最能代表"中国"的两个朝代。这个时期在婚姻律令的建设上，各自体现出鲜明的时代特色。

两汉的婚姻制度，原则上沿袭西周以来的传统。但随着儒学独尊地位的确立，使两汉的婚姻立法更具有纲常伦理色彩。

汉惠帝时期，朝廷鉴于人口锐减的事实，提倡早婚，于是在公元前189

年，汉惠帝诏令女子15岁至30岁以内不出嫁，要出五倍的算赋，一算一百二十钱。这是经过秦末战乱之后，治国者为恢复和发展生产，需要增加劳动力而采取的一项措施。因此，两汉时期盛行早婚。

两汉婚姻重视生子延嗣，

这是宗法制度所要求的。另外，汉初为解决人口锐减造成的户籍萧条问题，国家也鼓励生育子嗣。由于早婚多育是国家需要，更是延嗣继世的需要，所以汉律虽然确定婚姻关系为一夫一妻制，但无后嗣者，纳妾当然为合法。

汉律仍以"七出"、"三不去"为弃妻的基本原则。关于离婚后的财产问题，汉律规定，由丈夫提出离婚，允许女方将出嫁时从娘家带来的财产带走。

在经过三国、两晋、南北朝三四百年的分裂割据后，我国进入了封建社会的鼎盛时期，即隋唐时期。

唐代关于婚姻的成立，强调以下几方面：

一是确认尊长对卑幼的主婚权。即使卑幼在外地，已自行订婚，只要尚未结婚，也必须服从尊长安排，如违反尊长意志者，依律"杖刑一百"。

二是把婚书和聘财确定为婚姻成立的要件。婚书是指婚姻成立的书面合约，包括男方尊长的通婚书和女方尊长的答婚书。前者是男方尊长向女方尊长致书礼请，提出婚约的建议，后者则是女方尊长答书许讫，予以承诺。

在女方尊长已事先得知、认可男方的情况下，如男方年龄偏大，或身有残疾，身为养子、庶子、妾生子、婢生子、奸生子等不宜明载婚书的特殊情况，即以私约的形式对婚书的内容进行补充。

聘财是婚姻成立得到法律确认的关键要件。聘财无论多少，只需表现为一定的钱财即可。女方尊长只要收下聘财，即使没有聘书，仍视为婚约成立并有效。如果女方尊长悔婚，依律处杖六十，且婚姻关系依然有效。

三是婚姻缔结的限制。结婚年龄，唐太宗执政的第一年，即627年，定为男20岁，女15岁。唐玄宗时的734年，为了增加人口，将婚龄降低到男15岁，女13岁。

唐律严格禁止同姓为婚，违者各徒二年，非同姓但有血缘关系的尊卑间不得为婚，违者以奸论；严禁与逃亡之女为婚，监临官不得娶监临之女为妾，良贱不得为婚，违者均处以刑罚。

唐律还规定，婚期已到，不得有违，若期约已至而男家无故五年不娶，有司给据改嫁。婚期未到，一般不得强娶。

唐律在婚姻的解除上，夫对妻的特权尤为突出。婚姻解除的方式主要有两种，即"出妻"和"和离"。出妻简称"出"，即男方单方面解除婚姻，休弃妻子。其条件即西周以来传统的"七出"。

提出"七出"的不仅是丈夫，也可以是丈夫的父母，执行"七出"也无须得到官府的判决。相反，妻妾绝对没有单方面解除婚姻的权利。

唐律规定，妻妾违背丈夫擅自离开，处徒二年，因擅自离开而改嫁的，处徒三年。

对于"七出"的限制有两种：一是妻无"七出"之状，丈夫仍要出妻，丈夫处徒一年半。但"七出"原是一些简单的原则，很容易被丈夫找到出妻的借口。二是西周已有的"三不去"。虽有"七出"，但同时有三不去情形而出妻者，杖一百，婚姻仍然维持。"七出"、"三不去"原为西周礼制，唐律移植为法律规范。

和离制度，是我国封建社会一种允许夫妻通过协议自愿离异的法律制度。唐律令允许夫妻双方因关系不和谐而和离。和离及出妻，都必须制作书面的出妻书。出妻书由丈夫亲手书写，女方有这些书面解除婚姻的证据，才可重新结婚。

断离即由官府判决解除婚姻。一般有两种情况：一是在违律为婚或嫁娶违律的情况下，由官府断离，并对关系人各处以刑罚。二是义绝，即指夫妻一方对另一方或一定范围的亲属，或双方一定范围内的亲属有殴打、通奸、杀伤等情况下，经官府判决强制解除婚姻关系。不执行者判决徒一年。

义绝的具体条件是夫殴妻之祖父母、父母，杀妻之外祖父母、伯叔父母、兄弟、姑、姊妹；夫妻双方的祖父母、父母、外祖父母、伯叔父母、兄弟、姑、姊妹之间有相杀情节；妻欲谋害丈夫，殴打或詈骂夫之祖父母、父母，杀伤夫之外祖父母、伯叔父母、兄弟、姑、姊妹，及妻与夫之缌麻以上亲属通奸；夫与妻母通奸等。

如只有妻欲害夫，而无夫欲害妻；夫对妻之亲属须有殴打杀伤杀害才构成义绝，而妻仅詈骂、殴打夫之亲属就构成义绝。

此外，将妻妾嫁给监临官、夫出卖妻妾，也构成义绝。这些规定反映了封建夫妻关系上的不平等，也是"夫为妻纲"这一儒家纲常原则在法律上的体现。

总之，在婚姻方面，唐律进一步确认家长与子女、丈夫与妻子、良人与贱民之间的不平等，用以维护封建社会秩序。

知识点滴

在我国古代，人们认为形成的婚姻是前世姻缘和命中注定的，充满了偶然性。这一观念得到了大多数人的认同，这里面有着深厚的文化积淀。

在《世说新语》中记载了这样一个故事，说太尉郗鉴派门生到丞相王导家寻求佳婿，王导让他到东厢遍观子弟。门生归，对郗鉴说："王氏子弟哪一个都不错，听说了选婿之事，都很矜持，只有一人，在东床坦腹而食，好似未知选婿之事。"郗鉴说："此人正是佳婿。"一问原来是王羲之。于是郗鉴将女儿嫁给王羲之。这个故事说明了婚姻的偶然性。

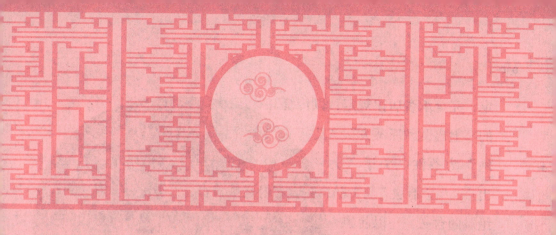

宋代婚姻立法及嫁娶

宋代婚姻的立法，大体沿袭唐制，但对婚姻的缔结方面，规定禁止五服以内亲属结婚，对姑舅两姨兄弟姐妹结婚不加禁止。

宋律还规定，诸州县官人在任之日，不得与部下百姓交婚，违者虽会赦免但仍要分离。其州县佐以上官员及县令，于所统属官亦同。如果其订婚在前，任官居后，及三辅内官门阀相当情愿的，并不在禁限之内。

对女方不许悔婚的情况有例外，即订婚后，男家无故三年不娶，女方在告之官府，并退还聘财的前提条件下，可以主动解除婚约。

两宋关于婚姻离异的规

定，完全承袭唐律规定，以传统的"七出"、"三不去"、"义绝"为条件。关于"七出"、"三不去"、"义绝"的含义，与以前的朝代没有区别，只是关于无子的条件，作了进一步界定。

依据法律规定，在宋代已婚妇女在49岁之前，是不能被夫家以无子条件赶出家门的。关于"三不去"的例外，是妻若有恶疾及与人通奸，体现了宋律维护宗祀继承的真正用意。

随着社会的发展，特别是两宋商品经济的繁荣，人们的思想观念受到冲击。表现在婚姻制度上，宋代妇女在特定条件下，具有一定的法定离婚权。

首先，夫出外三年不归，其妻可以离婚。其次，丈夫令妻为娼或典雇妻与人者，其妻可以离婚。因为丈夫逼妻子为娼属丧尽天良之行径，不仅有违社会道德，而且也破坏家庭和睦，因而，法律赋予这样处境的妇女以主动离婚权。为稳定社会秩序起见，历代官府皆禁止出卖妻子人身，但民间还是有人典雇妻子与人者，对这样的违法行为，宋代官府在进行依法制裁的同时，也赋予被典雇妇女以主动离婚权。

两宋法令还规定，丈夫犯罪被处以流放或被处以其他刑罚而移乡编管，其妻可以离婚。宋代已婚妇女的法定离婚权的规定，为前代法律所没有的。

宋代婚礼依然承接上代，以"六礼"为主要内容，但是具体婚嫁程序有了更改，特别是庶民嫁娶，礼仪、礼俗更为具体繁杂，当时嫁娶步骤共有11项之多，并分别带有一定的时代特色。

庶民嫁娶，首先是由媒人传帖，帖子实际就是记有人名、出生年月日的一张单子。开始是媒人凭双方的草帖子传话，男女双方拿到对方的草帖子后，就卜卦问吉，如果男女不相克，得到吉卦，待媒人双方传言后，两家同意，然后各自再起"细帖"议婚。

细帖又称为定帖。男家定帖要写明男家三代官品职位，名讳，议亲者是家中第几位儿子，官职如何，出生年月日时，父母是否都在世，由何人主婚，是否入赘，如果入赘，还要把带来的金银田土写清，并将家中产业、宅舍、房廊、山园都列具在帖子上。

女方回定帖，也要写清以上内容。议亲者是家中第几位女儿，出生年月日时，并列具房奁、首饰、金银、珠翠、宝器，动用帐幔等物，以及随嫁田土、屋业、山园等。细帖写好后，由媒人向两家通报，择日传帖。

双方家长都满意就可以定亲了。首先是双方都以"色彩衬盘"安放定帖，送给对方。其次是相亲。男家选择吉日，备好酒席，敬请女家。一般是在园圃酒楼、湖面船舫内，两亲家相见。

　　如果双方中意，男家则用金钗插于女子冠髻中，当时称为"插钗"。如果不同意，男家则给女家赠送缎二匹，称作压惊。

　　相亲确定后，即要下定礼。定礼物一般是用络盛酒瓶，装成大花8朵，并用生色罗绢或8枚银胜，又用花红缴酒担上，名为"缴担红"。有钱人家送礼更多，有珠翠首饰、金器、销金裙、褶、缎匹、茶饼、两只羊、金瓶酒4尊或8尊等。

　　男家礼书共两封，名为"双缄"。用红绿销金书袋盛礼书，或用罗帛贴上画有五男二女的绿盏，盛放礼书。定礼一共10盒或8盒，用彩色单子盖上送到女家，女家接下定礼盒"于宅堂中备香烛酒果，告盟三界"，然后由女家夫妻双全者开盒。女家就于当天准备回定礼。

　　北宋时期，一般人家用淡水二瓶，活鱼三五个，筷子一双，都放在元酒瓶内，称为"回鱼"。

　　南宋时期，有钱人家排场大，回礼也重。女方回礼物品有紫罗及

颜色缎匹、珠翠、皂罗巾缎、金玉、帕、鞋袜、女工等。有的还把男方送来的8饼茶、8瓶酒等取一半回送，羊也送回一只，用两只酒器放清水，水中放4条金鱼，以一双筷子，两根葱放在酒器内。

如果是大富人家，会用金银打造筷子，用彩帛做成生葱挂在鱼水酒器上，作为答礼。送完定礼后，遇到节日，男方仍然给女家送礼。

宋代婚礼，除送定礼外，照旧要送聘礼。当媒人定好下聘的日子以后，男方轻则以鹅酒，重则以羊酒下聘。

富贵之家一般用三金，即金钏、金镯、金帔坠。如果没有金器，也要以银镀代替。没有钱的人家，也要送帛送银，送鹅酒、茶饼等。

仕宦人家送礼更多，送销金大袖黄罗、销金裙缎、红长裙或红素罗大袖缎，还有珠翠团冠、四时冠花、珠翠排环等首饰，及上细杂色彩缎、疋帛，另加花茶、果物、团圆饼、羊酒等物，此外还有银铤，称为下财礼。也用两个信封装上聘书，做成礼书形状。

　　女家受聘后，也要用礼物答谢，一般用绿紫罗匹、彩色缎匹、金玉文房玩具、珠翠、女工等作答。另外，还要送媒人"媒箱"，箱中装有缎匹、杯盘、钱物等，并用花红礼盒赠送。男家送完聘礼后，逢年过节就不必再送礼给女方了，只等择日成亲。

　　男家选好吉日，告诉女家，女家答应，男家便可来迎亲。迎亲前一天，女家派人先到男家，铺房挂帐幔，放置房奁、珠宝首饰等物。新房布置好后，让最亲信的妇人或嫁女侍从看守新房，不让外人进入房中，只有等到新人来后才开放新房。

　　男家按规定日子和时刻，让人捧着花瓶、花烛、香球、纱罗、洗漱妆盒、烛台、裙箱、衣匣、百结青凉伞、交椅，并雇请乐队护送花轿，一路吹打，前往女家迎娶新妇。

　　女家用酒礼款待接亲的人，并散发红银、利市钱给大家，然后乐队奏乐"催妆"，阴阳先生报时辰，催促新娘登车，并有专人念催妆诗词。

　　女子登车后，抬担子和抬轿子的人，并不马上起步，等求发利市钱完毕后才起步。此时乐队奏乐，一路鼓吹，将新人迎到男家。新娘花轿到了男家门口，乐师、歌伎、茶酒等迎亲的人互念诗词，拦门求利市钱。阴阳先生手执装满谷豆、钱、彩果等物的斗盒，望门而撒，

儿童争相拾捡，叫作"撒谷豆"。撒谷豆意在镇压青阳煞这种恶神。

新人下车，一人手捧镜子在前导行，两个亲信女子左右扶持新人前行。新人不得踏地，只能踏在青锦褥或青毡、青布条上行走。新人要跨马鞍，并从秤上走过。

进入中门到一室，当中悬帐，新妇进去坐下，名为"坐虚帐"，或者径直进入房中，坐在床上，称为"坐富贵"。

女家亲戚及送女客人吃完三盏酒后即要退回，意为男家备酒四盏，款待送亲女客，客人吃完三盏而回，又称为"走送"。

新房门前挂彩缎一幅，先将下面剪成碎条状，身穿绿袍、花幞头官服的新郎进门后，众人将碎条争抢而去，叫作"利市缴门红"。

新郎在床前将新妇请出，两家各出彩缎，绾成同心结，称为"牵巾"。男将彩缎挂于笏板上，女则搭于手，男倒走出门，以便两人面可相向。

一对新人并立堂前，然后由男方双全女亲，用秤杆或别的东西挑开新娘的盖头，此时方露新娘面容。男女两人便向众亲行礼。然后女倒行，执同心结牵新郎回房，再坐床。

坐时，女向左、男向右，此时，便有妇女用钱、彩缎、果子撒帐，然后用红绿彩结把两个酒杯连结起来，男女双方各饮一杯，名为"交杯酒"。饮完后，把酒杯一仰一覆放在床下，取大吉大利之意，同时，把男左女右少量头发"结发"，又名"合髻"。

男此时用手取下女头上的花，女则解下男的一个纽扣。然后新人又到中堂行参谢礼，亲朋庆贺，新人又共同参拜公婆尊长，此后，众亲人才入席用礼筵。

次日五更，用桌子装置镜台，把镜子放在上面，新妇望堂展拜，名为"新妇拜堂"。然后拜尊长亲戚，并以彩缎、巧作、鞋袜等呈现，名为"赏贺"。尊长则要答贺。

婚后三日，女家将冠花、彩缎、鹅蛋，另加茶饼、鹅羊、果物等物一起送到男家，称为"送三朝"。新郎新娘在三日或七日、九日到女家行拜门礼，女家广设华筵，款待新婚，名为"会郎"，并要送给女婿一定礼物。"会郎"结束，女家请乐队鼓吹送婿回家。

以上种种，足见宋朝庶民嫁娶礼俗之烦琐，名堂花样多多，反映了当时的婚礼嫁娶习俗。

知识点滴

"榜下捉婿"是宋代的一种婚姻文化，即在发榜之日各地富绅们全家出动，争相挑选登第士子做女婿，坊间便称其"捉婿"，宋人笔记对"榜下捉婿"多有涉及。这种"捉婿"习俗蕴含了特定的社会文化内涵，它说明宋时经济崛起，富裕起来的平民阶层渴望跨入上层社会。

"榜下捉婿"其实也透露出这样一个信息，即宋代的婚姻观念在发生着重要的变化。对于宋代此种婚姻观念的评价应该辩证地看。较之前代的门第婚而言，宋代的婚姻观念在某种程度上可以说是历史的进步，不过对于后世的论财婚而言也可谓是一种滥觞。

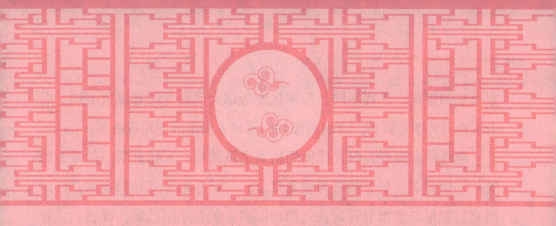

发展和变化中的婚制

　　元代的法律反映了蒙古游牧民族的传统，其婚书、职业媒妁等实体制度，颇具特色。

　　元代在我国历史上首次明确规定，建立婚姻关系必须订立婚书，或称嫁娶礼书。婚书上写明议定的聘财数额，如果是招赘女婿，须写清养老或出舍的年限，主婚人、保亲人、媒人须在婚书上签字花押，然后依礼成亲，婚姻关系方才有效。

　　元代法律规定，只有经基层官吏，地方长老等保荐的信实妇人，才能充任媒妁，并由官方登记在册，严格管理。

　　这种媒妁的身份是百姓，而不是官方人员，她们从事民间婚姻撮合事务，与先秦有国

家公职的媒氏、掌媒不同，与宋代专为宗女而设立的官媒也不同。后者可称其为职业媒妁。官府对媒妁的管理，多是限定媒钱数额。

赘婿自古即有，但元代民间招婿之风颇盛。元代赘婿一般分为四类：一曰养老，就是始终与妻家聚合；二曰年限，就是归妻宗；三曰出舍，就是与妻家分开居住；四曰归宗，就是年限已满，或妻亡，并离异，可归自己的宗族。

收继婚是蒙古贵族带进的习俗，即未婚男性收娶家族中的寡妇为妻。元世祖忽必烈曾经下旨，宣布了收继婚的合法性。弟收兄妻，多发生在亲兄弟之间，远房兄弟一般不准收继。另外，小叔的收继处分权，只有在寡嫂服丧期终了后才能实现。

礼教对收继婚的影响，还表现在寡妇如守志，不得强娶，但如想再婚，便非就继于小叔不可，也就是说小叔对寡嫂享有法定先娶权。

在民间实际收继过程中，其弟收寡嫂的范围已扩大到订婚之寡嫂。元代以前，法律允许寡妇带走原有妆奁，不准寡妇带走的，限

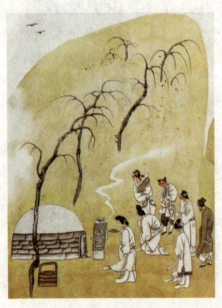

于丈夫的遗产或应得的份额。但元代法律正式规定，离婚妇女或寡妇如果再婚，就要丧失原先从父母处得来的妆奁物及其他继承得来的财产。夫家的财产，更不得带走。

元代婚姻的离异，与唐宋基本相同，主要有休弃与和离两种形式。

明清两代受元代的影响，都有寡妇改嫁者，夫家财产及原有妆奁并听前夫之家为主的规定。这种规定

反映了封建社会后期，妇女地位进一步下降的趋势。

明代关于婚姻方面的法律，基本沿用唐宋旧律，但在婚姻关系和违法婚姻适用刑罚上又有所发展与变化。

按唐律，男家自悔者不处刑，明律已与唐律不同，增加了对男家悔婚的处罚，是婚姻立法的进步。明律还规定，不得收留在逃女囚为妻妾，不得强占良家妻女为妻妾，否则都要依律治罪。

清代婚姻制度，在入关前后有一定的变化。满族贵族入关之后，使清代婚姻制度深层次受儒家伦理道德观念影响，在其全面继承明代婚姻制度的基础上，进一步发展，使之具有自己的特色。

清代入关之前，实行早婚制。入关以后，清承明制，规定男16岁，女14岁为法定结婚年龄。

包办婚姻依然是清代婚姻的基本特征。尊亲长掌握卑幼的主婚权，是秦代法律的规定。在清代，国家法律赋予尊长对卑幼的主婚权，同时也要求主婚权的行使，必须符合国家法律有关规定。对于诸如嫁娶违律、隐瞒残疾、老幼、庶出、过房、乞养等情况，主婚人要承担相应的法律责任。

清以前，家长的主婚权在事实上已经存在，但只有到了清代之时，家长主婚权才得以在法律上明确规定下来。

唐宋以来，法律规定婚约一旦成立，不许悔婚，尤其是对女方而言更是如此。清代规定，婚约一经成就，男女无论任何一方均不得反悔。婚约约定的主要内容之一就是嫁娶日期，期约未至，男家不得强娶。期约已至，女家不得拖延。若男家强娶或女家故意拖延，主婚人笞四十。男方无故超过婚约约定的婚嫁期限五年不娶，及未婚夫逃亡三年不归者，女方可以另行择配，但须官府对男方情况予以核实并出具证明。婚约可以因一方的犯罪而解除。

清律还规定：良贱不得为婚。清代婚姻注重门当户对。《大清律例·户律·婚姻》"良贱为婚姻"条规定，严禁主人为奴仆娶良人为妻。奴仆若娶良人为妻，将妻入籍为婢者，杖一百；若谎称以奴婢为良人而与良人为夫妻者，杖九十，各离异改正。

知识点滴

每到夏日的夜晚，人们总喜欢抬起头来遥望那条横跨天空的茫茫长河，人们叫它天河或银河，在银河的两边，还能看到明朗的织女星和牛郎星。再仔细看，还能在牛郎星的两边看到两颗闪闪的小星星呢，那就是牛郎挑在箩筐里的一双儿女。

在我国民间，素有七夕乞巧的习俗，乞巧节又称为女儿节、少女节或情人节，而牛郎、织女也就被看成了象征爱情忠贞、婚姻美满的天神。过去许多地方建有织女庙，尤以苏州太仓的织女庙最为闻名，青年男女到织女庙去膜拜，祈求甜蜜的爱情和美满的婚姻。

婚姻礼俗

　　在我国古代，夫妻结合的"婚礼"二字被写为"昏礼"，属于传统文化精粹之一。古人认为，黄昏是吉时，所以在黄昏行娶妻之礼，故而得名。

　　昏礼在"五礼"之中属嘉礼，是继男子的冠礼或女子的笄礼之后的人生第二个里程碑。婚姻礼仪包括议婚、订婚和结婚等全部过程的礼仪程式，主要分为成妻之礼和成妇之礼。成妻之礼先为六礼，即纳采、问名、纳吉、纳征、请期和亲迎。在我国古代，解除婚姻关系也形成了一套完整的制度。

月下结绳定婚姻的月老

那是在我国唐代的时候，有一位名叫韦固的人，有一次，他到宋城去旅行，住宿在南店里。唐代的宋城就是现在的河南商丘。

这天晚上，韦固在街上闲逛，看到月光之下有一个老人席地而坐，正在那里翻一本又大又厚的书，而他身边则放着一个装满了红色绳子的大布袋。

韦固好奇地过去问他说："老伯伯，请问你在看什么书呀！"

那老人回答说："这是一本记载天下男女婚姻的书。"

韦固听了以后更加好奇，就再问说："那你袋子里的红绳子，又是做什么用的呢？"

老人微笑着对韦固说："这些红绳是用来系夫妻的脚的，不管男女双方是仇人或距离很远，我只要用这些红绳系在他们的脚上，他们就一定会和好，并且结成夫妻。"

韦固听了，自然不会相信，以为老人是和他说着玩的，但是他对这古怪的老人，仍旧充满了好奇。当他想要再问他一些问题的时候，老人已经站起来，带着他的书和袋子，向米市走去，韦固也就跟着他走。

到了米市，他们看见一个盲妇抱着一个3岁左右的小女孩迎面走过来，老人对韦固说："这盲妇手里抱的小女孩便是你将来的妻子。"

韦固听了很生气，以为老人故意开他玩笑，便叫家奴去把那小女孩杀掉，看他将来还会不会成为自己的妻子。家奴跑上前去，刺了女孩一刀以后，就立刻跑了。当韦固再去找那老人算账时，却已经不见他的踪影了。

光阴似箭，转眼14年过去了，这时韦固已找到满意的对象，即将结婚。对方是相州刺史王泰的掌上明珠，人长得很漂亮，只是眉间有一道疤痕。韦固问他的岳父说："为什么她的眉间有疤痕呢？"

相州刺史听了以后便说："说来令人气愤，14年前在宋城，有一

天，保姆陈氏抱着小女从米市走过，有一个狂徒，竟然无缘无故地刺了小女一刀，幸好没有生命危险，只留下这道伤疤，真是不幸中的大幸呢！"

韦固听了，愣了一下，14年前的那段往事迅速地浮现在他的脑海里。他想：难道她就是自己命仆人刺杀的小女孩？于是便很紧张地追问说："那保姆是不是一个失明的盲妇？"

王泰看到女婿的脸色有变，且问得蹊跷，便反问他说："不错，是个盲妇，可是，你怎么会知道呢？"

韦固证实了这件事之后，真是惊讶极了，一时间答不出话来，过了好一会儿才平静下来，然后把14年前在宋城遇到月下老人的事，全盘说出。王泰听了，也感到惊讶不已。

韦固这才明白月下老人的话，并非开玩笑，他们的姻缘真的是由仙人作主的。

结婚以后，韦固夫妇俩更加珍惜这段婚姻，过着恩爱的生活。

这件事后来传到宋城，当地的人为了纪念月下老人的出现，便把南店改为"订婚店"。

由于这个故事的流传，使得大家相信男女结合是由月下老人系红绳，加以撮合的，所以，后人就把媒人叫作"月老"。

月下老人以赤绳相系，确定男女姻缘，反映了唐人姻缘前定的观念，是唐人命定观的表现之一。唐人以为，人的命运，不是自己可以确定和改变的。唐人的这种前定观念，当然也表现在婚恋方面。

月老形象的出现，正是这种命定观在婚恋中的艺术化、形象化。可见，在唐代，婚姻前定、主于地府冥司是普遍流行的观念。世间男女之所以能成为夫妻，是由于地府冥吏以绳相系，是冥冥之中的命运安排。

不过月老于月下结绳以定婚姻的形象，更具诗意，因而流传更广，遂成为故事，月下老人也因此成为民间家喻户晓的婚姻之神。

在我国古代，潮神也曾被人们视为婚姻之神。明代文学家冯梦龙在《警世通言》第23卷《乐小舍拼生觅偶》中，就曾写了一个潮神促成婚姻的故事，因此，潮神也是人们崇拜的婚神之一。

《乐小舍拼生觅偶》中说，乐和与顺娘自小同窗，情意相笃，私下结为夫妇，但由于两家门户不当，一直未能正式议亲。乐和听闻潮王庙有灵，就偷偷买了香烛果品前去祭祀，祈祷潮王让他与顺娘能成伴侣。

一次观潮时，顺娘被潮水卷入江中，乐和情急之下也跳下江去，两人被潮王救上江岸，终于结成眷属。

知识点滴

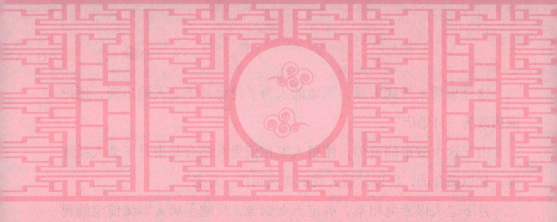

媒人的出现和各种称谓

在我国的传统婚姻中，从提亲、订婚，最后到促成结婚，都少不了媒人的参与，只有通过"媒妁之言"，男女双方才能共结连理、结秦晋之好，婚姻才能合乎礼教和道德。"天上无云不下雨，地上无媒不成双"这句民谚，反映了媒人在我国传统婚姻制度中所扮演着的重要角色。

媒人起源于何时，史料中并没有明确的记载，揆之情理，媒人应当是人类婚姻由群婚制向一夫一妻制演变后的产物。

夏商时的媒人并不称为"媒"或"妁"，而是以"使"为媒。在

殷墟的甲骨文中，就发现多有使者议婚的卜辞，如"己囗卜，使人妇伯"、"来妇使"。前者大致说男方使者往女方，与其家族之长伯议娶女事；后者则为女方使者来说合嫁女。

在古代文献中，最早记载媒人的作品就是《诗经》。如《豳风·伐柯》说：

伐柯如何？匪斧不克。

娶妻如何？匪媒不得。

意思是说，怎样才能砍下大的树枝？不用斧头砍不断它。怎样才能娶到妻子？没有媒人成不了婚。

这说明早在周代，媒人就已成为婚姻的要件了。后来，便称媒人为"伐柯"或"伐柯人"，称做媒为"执柯"。如宋代吴自牧《梦粱录·嫁娶》中记载说："其伐柯人两家通报，择日过帖。"

在婚姻形式上，民间实行的不只是一种以男女相悦为基础的自主婚姻，以一夫一妻制为标志的聘娶婚姻正逐渐被人们所接受。聘娶婚姻，既是上层社会政治联姻的结果，也是规范下层社会婚嫁的需要，因而成为当时社会的一种发展趋势。

自周代以后，通过媒人缔结婚姻已逐渐成为一种风俗，明媒正娶已为广大民众所认可。《孟子·滕文公》说：

不待父母之命，媒妁之言，钻穴隙相窥，逾墙相从，父母国人皆贱之。

史书无媒而遭讥耻的例子很多。如鲁桓公无媒而娶于齐，季姬无媒自嫁于邻子，遭经传讥耻，太史氏女自嫁于齐王子法章，虽贵为王后，其父仍深恶痛绝。这些例子都说明媒人有不可缺少的作用。

随着华夏文化的不断丰富和发展，对于媒人的称谓也逐渐多起来。据唐房玄龄等人合著的《晋书·索忱传》记载：孝廉令狐策做了一个梦，梦见自己走在冰湖之上，竟同冰下的人说话，不觉赫然惊醒。

有占卜人解释这个梦认为，能站在冰上和冰下的人说话，这象征着做梦者在调和阴阳，调和阴阳就是做媒介，寓意将会给别人做媒。但这媒很不容易做，要用做梦者的热情把冰融化了，男女双方才能成婚。

就这样，"冰人"做媒一事便不胫而走。此后，"冰人"便成了"媒人"的别称，给人做媒也叫"作冰"。

媒人在婚姻的缔结过程中起着重要的作用，成就了一段段良缘。因此，在媒人行业几千年的发展史中，不乏许多著名的媒人传说，他们的故事在后世广为流传。

比如蹇修和红娘，据说蹇修是古代的贤媒，很善于为人做媒。语出屈原《离骚》：

吾令丰隆乘云兮，求宓妃之所在；

解佩纕以结言兮，吾令蹇修以为理。

王逸在《楚辞章句》注中说："蹇修，伏羲之臣也。理，分理也，述礼意也。使古贤蹇修而为媒理也。"由此，后人将媒妁也称作"蹇修"。

红娘原为唐代文人元稹传奇小说《莺莺传》中的一个人物，她是崔莺莺的婢女。在张生与莺莺产生爱慕之情以后，张生曾向红娘倾诉衷肠，得到了她的同情。红娘给张生出主意，要他以情诗打动莺莺，莺莺果然以诗相和。

起初，莺莺还难以从礼教的束缚中彻底摆脱出来，表现得十分犹豫动摇。在红娘的帮助下，莺莺终于毅然投入张生的怀抱，与之私下结合。崔莺莺靠着红娘的帮助得到勇气，张生则在红娘那里得到智慧，而老夫人却因红娘的机智不得不退却让步。红娘成为促成崔莺莺与张生婚姻的关键性人物。此后，红娘遂成为帮助人结成美满婚姻的"媒人"的代称。

知识点滴

仡佬族在姑娘出嫁吉日，新郎家派两个后生和媒人一起来新娘家接亲，这时，女家的长辈、兄弟、姐妹和亲戚便异口同声大骂媒人，俗称"骂亲"，骂了媒人既提高了新娘的身份，据说还吉利，所以当母亲的便把媒人骂得狗血淋头。此时的媒人只好作哑装聋，任由对方骂个痛快。

骂媒是哭嫁中必不可少的节目，也是最具反抗色彩的哭嫁歌词。古代妇女无婚姻自由可言，平时对于自己的终身大事几乎不能置一词，全由媒人和父母摆布；因此，这登花轿之前的"骂媒"，便是难得的发泄机会。这早已反映在戏曲和民间说唱等艺术之中。

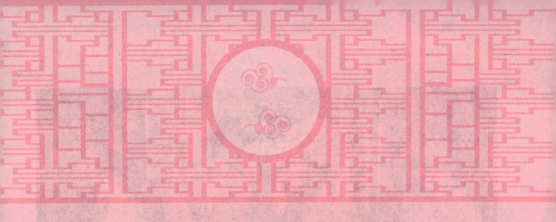

媒人中的官媒私媒之分

我国古代的媒人有官媒和私媒之分。官媒古称"媒官"、"媒氏"等，从国家领取一定的俸禄，执行公务。官媒制度早在周代就已出现，据《周礼·地官·媒氏》记载：

媒氏掌万民之判，凡男女自成名以上，皆书年、月、日、名焉，令男三十而娶，女二十而嫁……仲春之月，令会

男女，于是时也，奔者不禁，若无故而不用令者，罚之。司
男女之无夫家者而会之。凡嫁子娶妻，入币纯帛无过五两。
禁迁葬者嫁殇者。凡男女之阴讼，听之于胜国之社，其附刑
者，归之于土。

　　从中可以得知媒婆的具体职责，一是记录新生婴儿的出生年月和
姓名，二是通令成年男女要按时结婚，不可逾期，三是每年二月农忙
之前，督促青年适龄男女及时结婚，在这个时候，婚礼不齐备的也可
以结婚。

　　还有就是要监督婚礼中的财务开支并主管婚姻诉讼案，惩罚那些
违法者。这是我国历史上有关官媒制度的最早和最完备的记载。《管
子·入国篇》中这样描述春秋战国时代的官媒：

凡国皆有掌媒。丈夫无妻曰鳏，妇人无夫曰寡。取鳏寡而合和之，予田宅而家室之，此之谓合独。

可见当时的官媒，除了为年轻人安排嫁娶，还要帮助鳏夫寡妇重新组织家庭，并整合他们的财产。自秦至清，官媒的权力仍然很大。

西周、春秋时期，政府重视婚姻中媒人的作用，并为此而设置专门的机构掌管其事，媒人便被赋予了代表官方意志、执行婚姻制度的角色价值。官媒发展到宋代，有了等级的划分。

据孟元老《东京梦华录》载：

其媒人有数等，上等戴盖头，着紫褙子，说官亲官院恩泽，中等戴冠子，黄包髻褙子，或只系裙手，把青凉伞，皆两人同行。

　　这种分级不仅反映在说媒的对象上，还反映在穿着服饰、人数等方面。有专门的服务对象，并以特有的服饰做等级之标志，这是媒人高度职业化的最明显特征。据《宋史》记载：

　　　　应婚嫁者委主婚宗室，择三代有任州县官或殿直以上者，列姓名、家世、州里、岁数奏上，宗正司验实召保，付内侍省宣系，听期而行。嫁女则令其婿召保。

　　这里的保，就是媒保，即专门为宗室婚姻服务的宫廷职业官媒。宋代媒人高度职业化与其时商品经济的发展和社会风气的转变有关。

　　宋代是我国社会经济文化发展的重要历史时期，城市的迅猛发展使新兴的市民阶层地位日益上升。市民阶层浓厚的金钱意识渗透到了包括婚丧嫁娶在内的社会生活的各个领域。

宋代缔结婚姻更加注重对方的财产。但最终要使两家达成协议，就需媒人从中斡旋说合，这就使媒人的地位和作用进一步突出，成为其走向高度职业化的一个催化剂。

到了元明清时期，官媒则是指在衙门中登记认可的媒婆，其身份同衙役一样，主要是管女犯人的婚配；或者是婚姻发生纠纷，在堂上发落婚配，找官媒解决等。元《典章》中载："媒妁由地方长老，保送信实妇人，充官为籍。"

官媒除了完成官府交代的婚配事务外，同时还为本地私人的婚嫁做婚姻中介。

如元代关汉卿的杂剧《玉镜台》中，一官媒婆说："自家是个官媒，温学士着我去老夫人家说知，选吉日良辰，娶小姐过门。"这是温峤利用官媒为自己择妻。

我国古代的私媒是为民间婚姻缔结服务的人员，其不在政府登记造册，不领取国家的俸禄。私媒早在父系氏族时代就存在。

　　私媒可分为两类，即职业媒人和非职业媒人。以说媒为生的职业媒人，其说合婚姻之目的，主要是为了谋取一定的财物，是属于"又吃又喝又拿"的那种私媒。

　　非职业媒人，是有其他糊口的职业，兼为他人说媒，另挣一些说媒礼金的人。

　　在非职业媒人中，除了收取一定数量礼金的兼职媒人外，还有一些完全是为了成人之美而不计报酬的临时媒人。此类人员品类复杂，包括上至帝王，下到山野草民的各色人等都可能充当。

　　媒人可以是帝王，如"绍兴间，黄公度榜第三人陈修"，由于解试赋对得好，"高宗亲书此联于幅纸，粘之殿壁。及唱名"，又闻陈修73岁尚未婚娶，所以"乃诏出内人施氏嫁之。年30。资奁甚厚"。

　　媒人也可以是官吏，如"杜祁公少时客济源，有县令者能相人，厚遇之"，在祁公的妻子死后，县令便为其临时做媒，"相里女子当作国夫人矣"。

　　媒人还可以是亲友，如苏东坡就曾亲自做媒，把自己的妹妹嫁给了好朋友词人秦观。

　　老师同样也可以充当媒人的角色，而且古代老师做媒的事较为普遍。老师对学生的兴趣、爱好、特长、脾气最为了解，做起媒来更有的放矢，而深得学生信赖，成功率较高。

　　元人尚仲贤所写的杂剧《海神庙王魁负桂英》中，将海神和婚姻爱情联系到了一起。

　　《海神庙王魁负桂英》取材于宋代民间传说，说桂英深爱书生王魁，资助他安心读书，进京赴考，但王魁得中状元以后，贪图荣华富贵，终将桂英抛弃而另攀高门。王魁进京赶考前，曾和桂英双双到海神庙赌誓，后来王魁变心，桂英满腔悲愤，自杀前又到海神庙中，向海神控诉王魁的薄情负心。显然，民间曾将海神看作是一个能对婚姻爱情做出公正裁决的神。

知识点滴

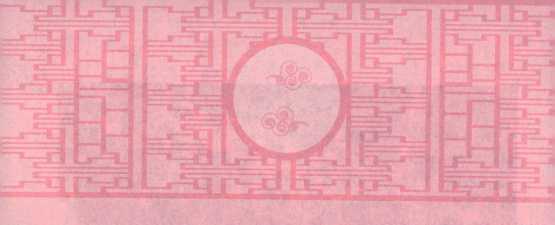

六礼制度下的明媒正娶

在盘古开天辟地之后，人皇氏成为最早的帝王之一，也就是从人皇氏时开始，规定了夫妇之道。

至伏羲氏时代，原始的畜牧业迅速发展，人们和睦相处，一片太平景象，但是最让伏羲伤脑筋的是在当时出生的婴儿中，经常会有畸

形的怪异现象出现。后来经过长时间的观察，伏羲惊讶地发现，这与当时存在的男女群婚、乱婚有关。

为了避免这种现象发生，提升族人生存力量，伏羲制定了男女对偶制度"制嫁娶"。他定姓氏，以防止乱婚和近婚，实现了中华民族从愚昧走

向文明的跨越。同时，伏羲还规定"以俪皮为礼"，并逐渐形成了嫁娶风俗，使得嫁娶成为一件重大而有意义的事情。

后来，嫁娶制度进一步发展和完善，逐渐形成了"六礼之仪"。正如唐代史学家杜佑所说：

> 五帝驭时，娶妻必告父母；夏时亲迎于庭；殷时亲迎于堂；周制，限男女三年，订婚时，六礼之仪始备。

婚嫁是人生的一件大事，也是人生中的喜庆之事，自古以来对整个婚嫁过程中的礼仪，尤其是男女合婚极为看重，认为稍有疏忽就会影响到人生乃至宗族的发达昌盛。所以，在婚嫁的过程中，言论和行动都具有浓厚的择吉取向。

"六礼"是我国古代婚姻仪礼，是从议婚到完婚的手续与过程，也是婚礼前最重要的一部分礼仪。儒家经典《仪礼·士婚礼》中记载的"六礼"内容是：

> 请媒提亲谓之纳采。询问女方名字及出生年月谓之问

名，俗称讨八字。男方将占卜的吉兆告诉女方家谓之纳吉。

婚约成立，正式送聘礼谓之纳征。男方择定婚期，通知女家求其同意，谓之请期。新郎亲自迎娶谓之亲迎。六礼多行于贵族，民间则从简。

古代婚姻的娶亲程式的6种礼节在周代时即已确立，以后各代嫁娶的名目和内容虽然都有所更动，但是基本上都沿袭了周礼。至清代末期，六礼演变纷繁，也就逐渐衰落了，但是对后世的新婚礼仪式有很大的影响。

纳采为六礼之首礼。男方欲与女方结亲，请媒妁往女方提亲，得到应允后，再请媒妁正式向女家纳"采择之礼"。古纳采的礼物只用雁。纳采是全部婚姻程序的开始。后世纳采仪式基本循周制，而礼物另有规定。清代的纳采多为订婚礼，与历代不同。

后世纳采的礼物都有象征意义。民俗中将这些具有象征意义的礼品分为四大类。

第一类表示吉祥，像以羊代"祥"，以鹿代"禄"；第二类是夫妻好合的祝吉物，如胶漆的和谐，凤凰的合俪，鸳鸯的和鸣；第三类象征以男性为主的夫妇关系，如以雁候阴阳喻妻从夫，以蒲苇喻妇女的柔顺，以附生于山顶、屈从成性的卷柏喻妇女的服从；第四类是表示一般德性的，如舍利兽廉而谦，乌鸦反哺和孝顺等。

问名是"六礼"中第二礼，即男方遣媒人到女家询问女方姓名，生辰八字。取回庚帖后进行占卜，看是否合八字。问名之后，男女家双方要交换"草帖子"，也就是互相通告各自的情况。

问名也携礼物，古礼也用雁，大概纳采、问名是一次进行的，后世的纳采、问名就是这样的。

男女两家收到八字后，都要请算命先生来"批八字"，看看男女当事人的相性如何，如果相性好婚事就继续进行，不好就免谈。假如一切都很顺利，这门婚事才能进入正题，才能开始谈论聘金和嫁妆。

关于婚龄，民间有一些俗规禁忌。男女年龄是不能超过正常婚龄太多的，假如婚龄超过太多，就会有嫌疑了。此外，还有生肖方面的禁忌。古人阴阳等信仰观念极重，有五行相生相克之说，又有属相相合相冲之说。一事不合，婚事便没有成功的希望。

纳吉是"六礼"中的第三礼，是男方问名、合八字后，将卜婚的吉兆通知女方，并送礼表示要订婚的礼仪，古时，纳吉也要行奠雁礼。

在行纳吉礼时，定聘的定金必须是偶数，外边包上红纸，俗称"红包"或"定钱"。定礼也都要成双成对，忌讳单数。

礼单、礼帖，上边的字数也要成偶数，忌单数。如"一头猪"要写成"全猪成头"，"一盘菜"要写成"喜菜成盘"等。这些都是为取意"双双对对，万年富贵"，以象征新婚夫妻婚姻是美满的。在定聘时，忌讳说"重"字和"再"字，总之忌单喜双。讳"重"讳"再"的禁忌习俗，都是表达对美好姻缘的愿望。

纳征也叫纳成、纳币，是"六礼"中的第四礼，就是男方向女方送聘礼。男方是在纳吉得知女方允婚后才可行纳征礼的，行纳征礼不用雁，是"六礼"唯一不用雁的礼仪，可见古人仪礼之分明。

历代纳征的礼物各有定制，民间多用首饰、细帛等项为女行聘，

谓之纳币，后演变为财礼。

旧时，纳征之礼非常隆重，男方往往借此机会荣耀门庭。盛大的纳征礼通常备有礼单，礼品装入箱笼，或挑或抬，走街串巷，燃放鞭炮，吹奏鼓乐，在媒人、押礼人的护送下送至女家。

聘礼中各样物品要取吉祥名称，数目忌单喜双。中原一带的习俗中，女方收聘礼时，不留公鸡，并配回一只母鸡。母鸡要活的，而且忌白色。回礼之后，还要发送陪嫁的嫁妆。

嫁妆中的被子，禁忌农历九月里做，喜好在十月里做。俗语说："等十月，忌九月。"因为"十月套被十相出，希望连生十子，九月套被九女星，恐怕连生九女。"而且套被子时忌用白线，喜用红线。缝制者忌寡妇或儿女不全的人参与，以图吉祥。

请期又称"告期"，俗称"选日子"，是"六礼"中的第五礼，是男家派人到女家去通知成亲迎娶的日期。请期仪式历代相同，即男家派使者去女家请期，送礼，然后致辞，说明所定婚期，女父表示接受，最后使者返回复命。清代的请期多称"通信"，即男家用红笺，将过礼日、迎娶日等有关事项一一写明，由媒人或男方亲自送到女家，并与女家商议婚礼事宜。

婚姻大事，嫁娶的日子是最关键的，一定要择吉避凶。一般要占卜择定合婚的吉日良辰，以及合适的迎亲、送亲之人。民间安排年份是放在无甚特殊情形的正常年份办喜事，日子一般选双月双日，但是，嫁娶月份日期不能与男女双方的属相犯冲，迎亲、送亲的人也不能犯属相的忌讳。

过去的"请"，其实是一种谦词，含有"不敢自专"的意思，因为事实上都是男方决定好时间后再通知女家，故"请期实告婚期也，必先礼请以示谦"。

在后来的实践中也有名副其实的"请"的，因为许多人笃信"坐床"之喜，希望新婚之夕便能让妻子怀孕，所以要避开女子的"例假

日"，这就需要通过"请"的方式来征求意见。此外，也有男女双方同时找人选择嫁娶时间的，那就更有必要以"请"的谦和来协调了。

请期的依据是"择吉"。古人既然认为婚姻关系的确立乃"天作之合"，所以结婚的日期与时辰也应该顺应天时才会有好结果。

先秦、秦汉时期，选择"吉日良辰"的办法以占卜为主，卜者通过观察卜骨上的裂纹决定吉日，如《史记·龟策列传》中记载：

横吉榆仰首俯……可居家室，以娶妻嫁女。

后来阴阳家、风水家、星相家等各路"专家"都为人娶妻择吉日。比如汉武帝就曾经亲自出面为人择吉日。

有一次，汉武帝召集大家，问"某日可娶妇乎？"结果，五行家说可，堪舆家说不可，建除家说不吉，从辰家说大凶，历家说小凶，天人家说小吉，太乙家说大吉，大家相互辩驳问难，展开争论。最终由汉武帝出面裁决，"避诸死忌，以五行为主"。

从那时起，五行占卜便成了选择嫁娶吉日的主要办法，再往后又杂采诸家，逐渐演绎成一整套庞杂的婚姻择吉体系。

嫁娶吉日选择的主要依据之一，是看所谓"神煞"的当值秩序。人们常在老黄历上看到"是日月破，大事不宜"、"是日吉星天德"等字样，这里的"月破"、"天德"，就是当值神煞的名称。

神煞有吉神凶神之分，嫁娶时间之年月日辰是宜是忌，首先就要确认这个时间是哪一尊"神煞"在哪一个方位当值，然后做出趋吉避凶的安排。比如"岁德"是年神中的吉神，所理之地，万福并集，自然是办婚事的好年头，倘若凶神"太岁"驾临，那就必须回避了。

过去还有结婚忌"当梁年"的习俗，古人以子、午、卯、酉为"当梁年"，以为该年不宜结婚。晋代张华的《感婚赋》说："彼婚

姻之俗忌兮，恶当梁之在斯。"说的正是这种习俗。至于其中的缘故，就很难搞清楚了。

也有很多人赶在"兔年"的下半年结婚，希望在"龙年"生"龙子"，于是兔年便成了嫁娶的吉年。

择年之后，还要择月、择日、择时，所依准则与择年相似。如"月德"、"月德合"等都是百福并集的值月吉神，最宜嫁娶，而"月建"是吉凶诸神的主帅，忌婚姻等。

按照明代问世的命书经典《增补诸家选择万全玉匣记》中的讲法，嫁娶最宜"天德"、"月德"、"天赦"、"天喜"、"三合"、"六合"等各尊吉神在位的时间，则年、月、日、时无一不吉。相反，如逢"月破"、"平日"、"劫煞"、"厌对"、"大时"、"天吏"、"四废"、"五墓"、"往亡"、"八专"等神煞在位的时间，则年、月、日、时无一不凶，绝对不可办喜事。

后来，人们把这些一般人不易弄清的"理论"简易化，发明了黄历，每一天都有宜嫁娶还是忌嫁娶的说明，人们就只需"照老黄历办事"就行了。

除阴阳化生、神煞轮值外，民间还有许多选择吉日良辰的传统习俗和趋避观念。如《周礼》引《夏小正》说："二月，冠子嫁女之时。"以为春天是合适嫁娶的季节。

也有认为秋天嫁娶更合适的，如《诗经·卫风·氓》说："匪我愆期，子无良媒，将子无怒，秋以为期。"大意是说，不是我失约，是你没有请到好的媒人；你可别生气，秋天才是我们的婚期。

农村的人更喜欢在岁终时娶媳妇，一方面是迎娶前需要过大礼，农民们只有等到秋收以后才具备这个财力，到了冬闲时才有操办结婚大事的时间；另一方面，据说灶王爷每年腊月二十四上天述职，要到

除夕才回来。在这一段时间里，没有鬼神侦伺罪过，所以能"百无禁忌"地热闹一番。

接下来就是布置婚房了。婚房布置在古代礼节中称为"铺房"，亲迎前一日，女家派人至新房收拾，并备礼前来暖房。

既为洞房，风水非常重要。古人认为，不懂风水仅凭自己喜欢，容易给以后的婚姻生活造成一定的危害。所以婚房最好选择在光线明朗，空气流通的地方。洞房颜色不要五花十色，这样做容易发生婚外情。洞房的窗台勿挂风铃，容易使新娘神经衰弱，头晕心烦。洞房不可跨在屋内外之横墙下，那样夫妻易发生口角。

安新床时要把床置放正位，不要与桌子衣橱或任何物件的尖角相对。新床也需放置一些吉利、好兆头的物品在床上，例如百合、红枣、莲子，意喻百年好合，早生贵子等。

亲迎又称"迎亲"，是"六礼"中的第六礼，是新郎亲往女家迎娶新娘的礼仪，也是婚礼中最为繁缛隆重的礼仪。

亲迎礼始于周代，女王成婚时也曾亲迎于渭水。此礼历代沿袭，为婚礼的开端。

亲迎礼历来形式多样。至清代，新郎亲迎，披红戴花，或乘马，或坐轿到女家，傧相引拜其岳父母以及诸亲。岳家为加双花披红作交文，御轮三周，先归。新娘由其兄长等用锦衾裹抱至轿内，轿起，女家亲属数人伴送，称"送亲"，新郎则在家迎候。

在迎亲这天，男女两家都要杀猪宰鸡，准备喜宴，还要请好厨师、傧相、伴娘、轿夫、账房、师爷及其他帮着办事的勤杂人员。这些人应聘后，应在迎娶的前一天即到主人家开始工作，做好迎亲摆宴的准备工作。

传统婚礼是女家早晨摆"出嫁酒"，男家中午摆喜筵，如果是纳

婿则反之。一切准备就绪，男家鸣炮奏乐，发轿迎亲。媒人先到，接着新郎、伴娘、花轿、乐队、礼盒队陆续到达。

女家在花轿到来之前，要准备好喜筵。姑娘要由母亲或姐姐梳好头，用丝线绞去脸上的绒毛，谓之"开脸"，化完妆后，饰上凤冠霞帔，蒙上红布盖头，等待迎亲的花轿。

花轿一到，女家奏乐鸣炮相迎。迎亲队伍进入女家堂屋后，花轿落好，新郎叩拜岳父岳母，并呈上以其父名义写好的大红迎亲简帖。接着是女家奏乐开筵。席间，媒人和新郎要小心谨慎。

在我国民间，婚礼早宴有不少不成文的习俗。在新婚的三天里，亲戚朋友中的晚辈青少年可以别出心裁地在媒人和新郎身上编演几出小小的闹剧，称之为"洗媒"和"挂红"。

新娘的嫂子说不定会在盛给新郎的饭碗下层埋伏半碗辣椒面，新娘的妹妹会在斟酒时特别给姐夫抹一把锅底灰。对这些能增加欢乐气氛的小闹剧，媒人和新郎应该容让，虽不妨小小地"报复"一下，但却绝不能生气、发火，甚至同主客吵闹、扭打。

早宴之后，新郎新娘在媒人引导下向新娘祖宗牌位和长辈行过礼之后，伴娘就可搀着新娘上花轿了。

上轿时，新娘要哭，以示对父母家人的依恋。

"哭嫁"是迎亲仪式中一道独特的风景。女子拜别养育自己多年的父母，去到一个陌生的环境，心中少不了不舍和茫然，于是悄然饮泣，甚至失声痛哭。

"哭嫁"的程序一般是先由母女对哭，姑嫂对哭，后由周围邻居未婚姑娘和青年媳妇前来陪哭。

哭者和陪哭者都拿着手绢坐在床上，两人一仰一俯地对哭，其他伙伴低声饮泣。陪哭一个接一个，直至新娘哭倦了才停止。有时亲戚相邻前来送礼看望，也会适当地哭一阵，作为拜贺答谢之礼节。

等到上轿的那一刻，哭嫁终于达到了高潮，这时不仅要痛哭，还要边哭边唱，其内容有感谢父母养育之恩的，有拜别兄弟姑嫂的，有痛骂媒人多事的，也有恋恋不舍、不愿上轿的。

新娘上轿后，即奏乐鸣炮，启轿发亲。乐队在前，乐队后面是新郎骑马，接着是花轿和其他送亲的人员。新娘在启轿时，往往要塞个红包给轿夫，以免花轿摇摆得过于厉害。

接亲的队伍将要到达新郎家门口时，男家要鸣炮奏乐相迎。花轿停在新郎家的堂屋门前，男家请的伴娘要上前掀起轿帘，将新娘搀下轿来，并上前赞礼，宾客向新郎、新娘身上散花，将婚礼推向高潮。

总之，通过"六礼"程序完成的婚姻，展现了中华民族特有的一种风俗习惯和民族特色传统文化。

知识点滴

同心结，是旧时男女用锦带制成的菱形连环样式的结子，表示恩爱之意。诗歌总集《玉台新咏》之《梁武帝·有所思》中有诗："腰中双绮带，梦为同心结。"唐代刘禹锡的《杨柳枝词》中写道："如今绾作同心结，将赠行人知不知？"可见，在南北朝及唐时，就有用同心结表示爱情的做法。

新夫妇行过结婚大礼之后，相偕进入新房，又有绾结同心之俗。据北宋的孟元老的《东京梦华录》记，新娘迎娶到男家时，两家各出一根彩段绾成同心结，男女各执一头，相牵而行，拜谒祖先，然后夫妻对拜。"牵巾"则是以同心结相牵。

宋高宗让花轿走向民间

　　那是在西汉时期，有一种用人抬的交通工具，名字叫"舆"。舆在晋六朝时极为盛行，当时称为"肩舆"。到了后唐五代，"舆"开始有了"轿子"之名。在北宋时，轿子只供皇室使用，直到发生了这样一件事，轿子就开始走向民间了。

　　相传在北宋末年，金兵压境，北宋皇朝危在旦夕，皇亲国戚纷纷南逃。小康王赵构在途中与家人失散，逃到宁波的一个小村落。

　　康王眼看无处藏身，但他看见前面有个农家姑娘坐在一个大谷箩筐上，边做针线活边照管摊晒的粮食，于是，康王急忙上前向姑娘寻求帮助。

　　这时，远处尘土飞扬，隐约看到有金兵大队人马飞驰而来。当时，四周一片空地，无处可以藏身，眼看金兵即将来到，姑娘急中生智，忙叫康王蹲下，拿起旁边的竹箩，罩住他的身子，又解下自己身上的花围裙，盖在箩筐上，之后，她照样坐在箩筐上做针线活。

　　不一会，金兵追到，下马就问姑娘，是否看到一个青年男子从这里过去？

　　姑娘从容不迫地答道："看见有一个人匆匆忙忙往南而去了。"

　　金兵不相信，就在姑娘家翻箱倒柜搜查起来，结果一无所获，就

骑马离去了。过了一会儿，姑娘见金兵远去了，就掀起竹箩，把康王放了出来，并对康王说："金兵若追不到人，还会再返回来的，你还是到我家躲一躲吧！"

康王这时又惊又饿，求之不得。姑娘家里穷，没什么好东西招待，她母亲煮了一碗掺虾皮的大麦饭给康王吃。康王饥不择食，吃得津津有味。姑娘又拿来她父亲的破旧衣服帮他换上。

康王脱险后，为了报答姑娘救驾之恩，当即表明了自己的身份，并与姑娘约定，等自己安定后便迎娶她进宫。两人相约，当康王来接姑娘进宫时，以她的花围裙为凭证，挂在屋檐就行了。

康王随即坐船到定海，转温州，回到皇宫后，他将自己与姑娘的奇遇告诉了母亲。可是，这件事却无意中被康王的母亲泄露了出去。

1127年，康王赵构在建康称帝，为南宋高宗。后来，当宋高宗派使者护送皇家花轿、半副銮驾仪仗、凤冠霞帔来接那位姑娘时，却看

见全村所有有姑娘的人家都在屋檐上挂出了同样的花围裙。使者无法辨认真假，只好回去禀告宋高宗。

由于距离上次来村落的时间相隔太久了，宋高宗也无法辨认，于是下圣旨，半副銮驾及凤冠霞帔不必带回，就赐给宁波一带女儿出嫁时使用，以报答救命之恩。这种待遇堪比公主、郡主出嫁时的阵势，以示皇恩浩荡。

紧接着，宋高宗赵构废除乘轿的有关禁令，自此轿子发展到了民间，人们把花轿运用到娶亲上也渐渐成为了民俗，并将娶亲用的轿子称为"花轿"、"喜轿"或者"婚轿"。

到了清朝乾隆年间，大姑娘出嫁坐花轿的习俗在民间已经十分普遍了。关于大姑娘出嫁为什么要坐花轿？还有一个和乾隆皇帝有关的传说呢！

早先，不论是大家闺秀出阁，还是小家碧玉出嫁，都是不坐轿

的，而是骑着毛驴去夫家成亲呢！

1755年，乾隆皇帝因为巡视黄河筑堤情况，来到了河南郑州东面的中牟县，他在这里拜谒先贤胜迹，赏览民间风情，体察乡野民风，一时兴致很高。

这天，乾隆站在中牟县衙外面的一个池塘前面，他看着池塘里荷花盈盈，荷叶茂盛，清香弥漫，池塘旁边又有垂柳依依，清风细细，不觉心醉神驰，不觉随口吟诵起了北宋大文学家欧阳修吟咏西湖的诗：

菡萏香消画舸浮，使君不复忆杭州。
都将二十四桥月，换得西湖十顷秋。

说来也巧，就在乾隆沉醉在诗情画意中的时候，正好迎面走来了一支送亲队伍，吹吹打打，鞭炮响亮，披红挂彩，笑声不断，热闹非凡。

原来，今天是县城里有名的才女若莲出嫁的日子，正好从县衙门前经过，还正好遇到了乾隆皇帝。因为有皇上在此停留，所以，衙役命令送亲的队伍让路。

坐在毛驴上的若莲一听要让自己让路，坚决不答应。

衙役大声说："皇上在此，小小民女快快让路。"

若莲十分平静而又理直气壮地说："婚姻大事，一生只有一次，在这良辰吉日，就是遇到当今皇上，俺也不会让路的！"

乾隆皇帝闻听这些话，心里暗暗称奇，他没有想到小小的中牟县竟然有如此个性的女子，就走上前去，只见毛驴上坐着一个如花似玉的大姑娘。

乾隆皇帝看了若莲一会儿，说道："你不让路也可以，但我有个条件。"

若莲问："什么条件？"

乾隆皇帝说："我出一副上联，你对一副下联，对完下联之后，你再作一首诗。如果你下联对得好，诗又作得好，我不仅不治你冒犯

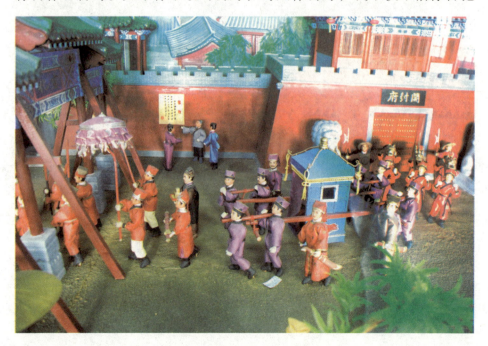

君王之罪，还让你坐我的轿子送你到夫家成亲，你看怎么样？"

　　若莲听了乾隆皇帝的话，微微一笑说："一言为定，请出上联。"

　　乾隆皇帝稍微沉思了一下，说道："这上联是：'塘中荷花，疯蝶硬要采'。"

　　若莲听了上联，立刻对道："画上仙女，狂生却难求。"

　　乾隆皇帝一听，拍手赞赏说："对得好！对得好！小姐，再请你以黄河岸边卧着的那个铁水牛为题，作一首诗如何？"

　　若莲出生书香门第，自幼饱读诗书，吟诗作画十分擅长。所以，她想了一下，不慌不忙地吟出了一首诗：

> 康熙令铸一铁牛，置堤镇水几十秋。
> 狂风拂拂无毛动，细雨霏霏有汗流。
> 青草河水难进口，无绳勒索却昂头。
> 牧童有力牵不去，千年万载永驻留。

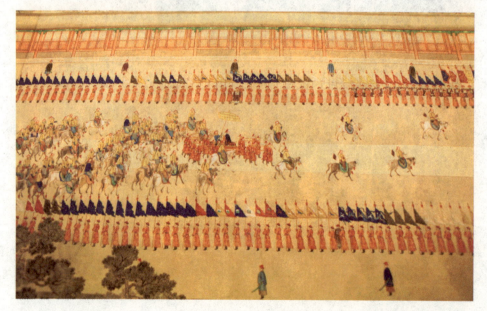

　　乾隆皇帝一听，大喜过望，大声说："小姐不仅容貌娴雅，气质超群，而且才思敏捷，诗情不俗，小小中牟能有此才女，真是不可多得！不可多得啊！"

　　然后，乾隆皇帝亲自为若莲掀起轿帘，请她上轿，并御笔亲书"大姑娘坐轿头一回"几个大字，赏给若莲，以示褒奖。从此以后，大姑娘出嫁就都开始坐花轿了。

　　一般，北方人称花轿为"喜轿"，南方人习惯叫"花轿"。花轿的规格有大有小，大规格者，新娘坐一乘八抬大红喜轿，送亲、迎亲女宾各坐一乘绿喜轿，轿前有执事，并有开道锣、大号、伞、扇、大镜、二镜、斧钺、朝天蹬各一对，两对喇叭，八面大鼓。到时，锣鼓齐鸣，喜庆鞭炮交响，景象热闹喧腾。

　　小规格者有四人抬小轿，一对开道锣，一对号和两面鼓。要是皇帝结婚，那场面更大。清代皇帝结婚，有十六种乐器演奏，而且，新

娘下轿之前，皇帝要向其头顶连射三箭。在皇后下轿之际，先前入宫的嫔妃要率领女官等膝行跪迎，以示皇后与皇妃之间的等级尊卑。

古代花轿的种类及样式繁多，因各地的习俗、贫富及主人的身份而略有不同。

普通人娶亲用的一般是二人抬的花轿，罩轿子的帷子都选用大红色的彩绸，并绣有富贵花卉、丹凤朝阳和百子图等吉祥图案，缀以金、银色，以烘托热闹喜庆气氛。家境富贵的人家常用四人抬的大花轿，轿子的装扮与二人抬的相差无异。

用花轿迎娶新娘并不仅仅是抬回去那么简单，我国传统婚俗中花轿迎娶新娘的方法也是形形色色且别有趣味，其中的风俗大多和祈求平安幸福与生育有关。

浙江用花轿迎娶新娘，新娘会在身上预备许多铜钱，当新娘出轿时抛洒，铜钱如天女散花似地撒落地下，以供孩子们喝彩嬉笑着又捡又抢，俗称"鲤鱼撒子"，形象地表达新娘进夫家就像鲤鱼般地生子育女的期望。

湖北地区用花轿迎娶新娘，新娘在上轿前由舅舅把她抱到量谷的斗上，斗的上面有一根梁，新娘站在梁上手持一把筷子撒落在娘家地上，意寓娘家期望她"快快生子"。

广东饶平用花轿迎娶新娘，新娘在上轿前须用石榴等多子的植物泡水沐浴，沐浴完毕后坐在浴盆里吃两个鸡蛋，以求新娘多生多育。

广西一带新娘花轿到了门口，男方出来两位儿女双全、福气好的人，一个撑伞、一个手扶新娘，而且要手拿尺子轻打新娘头部三下，以示打压新娘的威风，并提醒在婚后要尊重公婆和丈夫，万事需要注重规范的意思。然后新郎在前面走，新娘步步谨慎，须踩着新郎的足迹随后跟入喜堂，俗称"踩三步"，意味着日后夫唱妇随。

广西一带新娘在花轿到喜堂之前，要先从婆婆手中接过新粥瓢才能入门，表示婆婆把管家的大权交给新媳妇。而上海还会点燃彩纸围着的竹枝，待火焰烧得红红火火的时候新娘才能入门，以示新媳妇入门带来红火的生活。

交杯酒是我国婚礼程序中的一个传统仪式，在古代又称为"合卺"，合卺引申为结婚的意思。在唐代即有交杯酒这一名称，到了宋代在礼仪上，盛行用彩丝将两只酒杯相连，并系成同心结之类的彩结，夫妻互饮一盏，或夫妻传饮。

这种风俗在我国非常普遍，在浙江绍兴地区喝交杯酒时，由男方亲属中儿女双全、福气好的中年妇女主持，喝交杯酒前，先要给坐在床上的新郎新娘喂几颗小汤圆，然后斟上两盏花雕酒，分别给新婚夫妇各饮一口，再把这两盏酒混合，又分为两盏，寓意"我中有你，你中有我"，让新郎新娘喝完后，并向门外撒大把的喜糖，让外面围观的人群争抢。

知识点滴

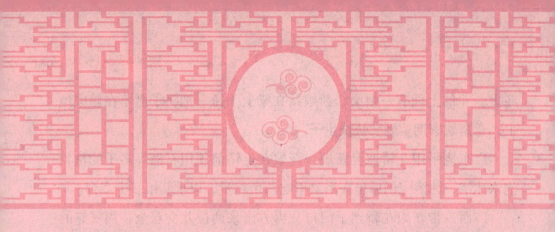

以天地为证的拜堂礼仪

　　那是在上古时期，伏羲和女娲成婚时，并没有人给他们当结婚的证人，于是，伏羲和女娲以天地为证，这才有了婚姻与人类的繁衍。所以，后人结婚都要拜天拜地，具有表示这门婚事是"天作之合"，并有天地为证，因而也将得到天地护佑的多重意义。

　　其实周公所订"六礼"中，并无拜堂一节，一般认为这是北朝后才兴起的礼仪，发轫于北方少数民族，然后经汉族吸收演变而来。唐

代贞元年间的吏部郎中封演在《封氏闻见记》中说：

> 近世婚嫁，有障车、下婿、却扇及观花烛事，及有下地
> 安帐并拜堂之礼。上自皇室，下自士庶，莫不皆然。

由此可知拜堂之俗在唐代已十分流行。拜堂的仪式是在喜堂正面放一张供奉天地诸神的"天地桌"，桌上除置有天地牌位、祖先神座、彩印神、龙凤花烛等之外，还有盛满粮食的米斗，斗中插有弓、箭、尺、秤等物，俗称"三媒六证"，表示这门婚姻男女相配，合礼合法。天地桌后面和喜堂两边，都挂着亲友送贺的喜幛贺联和各种吉祥画儿，又有太师椅两把，是准备给男方的父母接受拜礼时坐的。

吉时一到，燃香点烛，奏乐鸣爆竹，乐止，司仪引新郎、新娘分

男左女右站定，随掌礼人喊令声开始跪拜。拜堂的口令因地而异，有的是"一拜天地，二拜祖先，三拜高堂，夫妻交拜"，有的是"一拜天地，二拜高堂，夫妻交拜"。

也有许多地方把拜天地安排在庭院中，或是新人拜天地时背对花烛面向庭院，对空而拜，庭院无遮无盖，上有天，下有地，可谓名副其实的拜天拜地了。

在传统婚礼进行的前一天，男家已张灯结彩，在堂屋门前要有对联一副，加横批。堂屋中间高悬一方形彩灯，彩灯四面分别绘上"鸾凤和鸣"、"观音送子"、"状元及第"、"合家欢"等图案。

香案上一对硕大红烛，两边"对座"墙上贴"陪对"各一副，后面"金墙"上贴"天地君亲师位"6个大字，自上而下直写。

这6个字的写法有讲究，天要平，即"天"字的两横要写平，不能弯曲。地要宽，即"地"字写宽一些，不要过窄。君不开口，即

"君"字要全封闭，不能留空隙。亲不闭目，即写繁体"親"字，右边的"見"字不能把上面的"目"字最后一横全部封住，"师"字无别意，但要写成繁体的"師"，其中一撇不写。

新房的门框两边贴对联一副，加横批，横批一般写"鸾凤和鸣"4字。门上贴大红双喜字，新房正中悬彩灯，窗户上贴剪纸的大红双喜字，四角贴剪纸的蝴

蝶图案，窗户两边贴对联，墙壁四周挂字画。

厨房的正门对联一副，加横批，门上贴红"喜"字。其他所有的房间门上均贴"喜"字一个。

拜堂之后，新娘便在新房落座，不再出来。新郎要走出新房接待贺客。如在宾馆、酒家宴宾，夫妻双方都得出去会见宾客并向宾客敬酒。婚礼喜筵要按来客尊卑长幼排定座位，称之为"请客"，或者"清客"。

排座位的原则是上尊下卑，右尊左卑，客人按其长幼和身份、地位从高到低排列座次。"大亲"坐上首右边席位，新郎的父亲或舅父坐上首左边席位作陪，其余按尊卑长幼对号入座。

除堂屋的正席外，次尊贵的一席摆在新房中，新娘母亲坐首位，由新郎母亲或舅母作陪。其他各席的座位一般也要按尊卑次序排定。

座位排定后，傧相宣布动乐鸣炮开宴，新郎要先到首席斟酒敬酒，说几句表示感谢的话祝酒，然后，厨房开上第一道菜来，把婚宴推向高潮。

各席的酒菜应该一个样，唯"男大亲"和"女大亲"所在的席次，通例必须有清蒸的猪肘子一个。而且新郎要时刻守候在桌边，为"上亲"斟酒等，以示尊敬。

喜筵结束前，媒人早已"逃席"。倘若不走，"洗媒"的人会把他的脸抹成锅底。喜筵结束后，"上亲"先退到堂屋休息，由男方尊长陪着说话，待勤杂人员把席面撤去，大亲就起身告辞。

临起时，男家要"打发"衣料、鞋之类，讲究的还有红包。"送大亲"是又一个热闹场面，男家所有体面的人都要送到门口，还要鸣炮奏乐，以示敬重。新郎及其父母应送客至村口。

知识点滴

我国民间的剪纸善于把多种物象组合在一起，并产生出理想中的美好结果。无论用一个或多个形象组合，皆是"以象寓意"、"以意构象"来造型，而不是根据客观的自然形态来造型，同时，又善于用比兴的手法创造出来多种吉祥物，把约定俗成的形象组合起来表达自己的心理。追求吉祥的寓意成为意象组合的最终目的之一。

民间剪纸之所以能够得以长久广泛的流传，纳福迎祥的表现功能是其主要原因。地域的封闭和文化的局限，以及自然灾害等逆境的侵扰，激发了人们对美满幸福生活的渴求。人们祈求丰衣足食、人丁兴旺、健康长寿、婚姻美满、万事如意，这种朴素的愿望，便通过艺术剪纸传达出来。

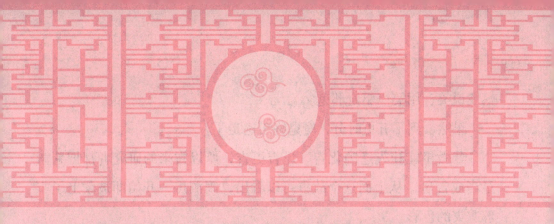

为了驱邪避灾的闹洞房

相传在很早以前，有一天紫微星下凡，在路上遇到一个披麻戴孝的女子，尾随在一伙迎亲队伍之后。他看出这是魔鬼在伺机作恶，于是就跟踪到新郎家，只见那女人已先到了，并躲进洞房。

当新郎、新娘拜完天地要进入洞房时，紫微星守着门不让进，说里面藏着魔鬼。众人请他指点除魔办法，他建议道："魔鬼最怕人多，人多势众，魔鬼就不敢行凶作恶了。"

于是，新郎请客人们在洞房里

嬉戏说笑，用笑声驱走邪鬼。

果然，到了五更时分，魔鬼终于逃走了。

紫微星能让人逢凶化吉，逢吉更吉，所以古来的研究者都把紫微星当成吉星。从上面这个故事可以看出，闹洞房一开始即被蒙上了驱邪避灾的色彩。

闹洞房驱邪风俗南北各地均有。在长江中下游地区，新人入洞房前，新郎前一晚必须睡在洞房，事先请两名女童手执红烛将新房内照一遍。如在北方的天津地区，人们则请吹打班子在新房内吹打，以求吉利。

新人入房后，驱房内邪气依然十分重要。新郎进屋后要象征性地向新房四角各射一箭，或手执单刀朝每个角落虚砍一刀，并歌唱道："一砍妖，二砍怪，三砍魔鬼坏脑袋，四砍丧神快离开，笑看麒麟送子来。"更普遍的习俗是在新房内置长明灯。所谓"洞房花烛夜"说

的就是这个意思。

关于闹洞房来历的另一种观点认为，闹洞房首先在北方出现，而且开始时主要是新郎，这大概与北方民族的生活习性有关。他们以狩猎和游牧为生活手段，使得男子十分彪悍和勇健，在新婚时忍受棒打可以证明一个男人是合格的大丈夫。

中原地区闹洞房，通常进行的活动有咬苹果、咬喜糖、走独木桥、夫唱妇随等。不同的地区，活动的内容不完全相同，但给新人撒喜床的节目是必不可少的。还有所谓的"听房"习俗，实质上也是防鬼怪进入洞房的一种保护措施。

有一些地方的传说认为，洞房中常有狐狸、鬼魅作祟，闹洞房能驱逐邪灵的阴气，增强人的阳气，因此有俗语："人不闹鬼闹。"

闹洞房从积极的意义上说，能增添热闹气氛，驱除冷清之感，因而有的地方又称之为"暖房"。此外，闹洞房还能使亲友彼此熟识，显示家族的兴旺发达，增进亲友间的感情。

闹洞房是"三天不分大小"，新郎新娘乃至新郎的父母，往往会被他人甚至晚辈们取笑捉弄，被捉弄取笑者不能生气，以免破坏新婚的喜庆气氛。

当然，闹洞房的人也不能太出格，不能闹得太久，以免影响新婚夫妇休息。

闹洞房又称"逗媳妇"、"吵房"，在迎亲的当天晚上进行。做法是先由小姑送灯，送罢灯，无论长辈、平辈、小辈，聚在新房中，祝贺新人。戏闹异常，多无禁忌，有"闹喜闹喜，越闹越喜"之说。

闹洞房结束后，还要让新娘擀面条，制作子孙汤，认为可白头偕老，子孙满堂。新娘接着喂牲口，象征接替家务，同心协力，共同致富。床铺由长辈给铺，多为男性长辈从之，边铺边道："老公公铺炕，子女两行。"最后，小姑送去便盆。

洞房花烛夜，长夜燃明灯，新娘开柜，新郎试鞋，夫妻对话，窗外偷听的耳贴墙壁，若得其一言半语，常为人们传扬多年。

回门也称"拜门"、"会亲"、"唤姑爷"，是女子同旧生活的彻底告别。婚后第三天，新人带着礼物，相偕回女方家，女家大摆宴席，款待女儿、女婿。

由于此前女方家属包括父母多未与新郎打过交道，这是一次正式考察其人品的机会。新郎若是谦和有礼的佳公子，自然值得庆幸，可若不尽如人意，此时再发现，也于事无补，只能企求上天保佑女儿平安幸福了。

回门之礼先秦时就已有之，称为"归宁"。在古代，女子在婚前属于父母，婚后就属于丈夫和他的家庭。这一改变以迎亲作为转折的起始点，以第一次归宁作结。

归宁，从字面的解释来看是指向父母报平安，使他们内心安宁。也就是向他们宣告，女儿的生命，与身边的这个男人已经不可分割了，请他们不要再为自己操心。女儿也不可能再在父母身边尽孝，反

而要对公公婆婆侍奉终老，请父母也不要再挂念。所以，归宁是女子同父母的正式告别。

从这次归宁以后，妇人便不能随便回娘家了，除非父母发出邀请，或得到公婆、丈夫的批准，而且一般情况下，应该由丈夫陪同前往，否则会被视为失礼。

有的女子结婚之后还要随丈夫一家搬迁，在交通和通讯都不发达的古代社会，这可能导致她和父母兄弟完全失去联系，因此回门也可能是她一生中最后一次见亲人。所以，无论对新娘还是她的家人，都特别珍惜这次机会。

回门也有不在第三天，而在第六、第七、第九、第十天或满月之时的，但总的来说，以第三天为最常见，于是"3"这个数字便发展出一项特殊的意义。

闹洞房的习俗始于先秦汉代时期，婚礼淳朴、肃穆。孔子在《礼记·曾子问》中描述当时的嫁娶情景时说："嫁女之家，三日不息烛，思相离也；娶妇之家，三日不举乐，思嗣亲也。"反映了先秦婚礼的淳朴习尚，没有喧嚷纷闹大操大办的场面。

进入汉代以后，社会经济有了长足的发展，人们不再满足古板而沉闷的旧式婚礼，不再固守"三日不举乐"的古训，开始大操大办，使婚礼蒙上更深一层的喜庆色彩。当代语言文字学家杨树达在《汉代婚丧礼俗考》一书中就说："而为之宾客者，往往饮酒欢笑，言行无忌，如近世闹新房之所为者，汉时即已有之。"

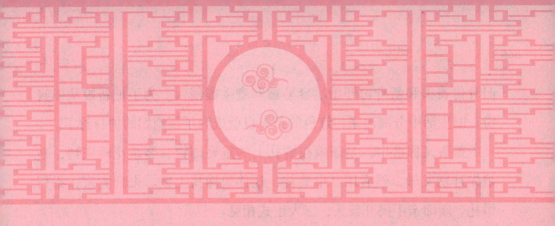

新娘护身符的红盖头

传说在宇宙初开时，天下只有女娲兄妹二人。为了繁衍人类，兄妹俩商议配为夫妻。但他俩又觉得害羞。于是，兄妹俩上到山顶，向天祷告："天若同意我兄妹二人为夫妻，就让空中的几个云团聚合起来，若不让，就叫它们散开吧。"

话音一落，那几个云团冉冉近移，终于聚合为一。于是，女娲就与兄伏羲成婚了。

在当时，女娲为了遮盖羞颜，乃结草为扇以障其面。扇与苦同音。而以扇遮面，终不如丝织物轻柔、简便、美观。因此，执扇遮面就逐渐被盖头蒙头代替了。

这个风俗被后人延续下来。因新娘

旧身份丧失和新身份开始，容易被邪魔乘虚侵入。为了把新娘从旧身份、旧生活中分离出来，红色的盖头也就成为了新媳妇的护身符了。

盖头又称盖巾，是新娘在婚礼上的重要饰物。娶亲花轿来到，新娘先拜别父母，然后用红巾蒙首，让伴娘搀扶上轿。来到夫家，举行婚礼。新郎亲手揭开盖头，二人正式相见。

新娘的盖头为何用红色，事情多少有一点说头。汉魏时期，天下纷争，战火连绵不断，民间娶亲有时根本无法照礼仪行事。出于安全方面的考虑，婚事一说定，便用纱巾将新娘的头蒙上，新郎将新娘接回，到家后揭开新娘纱巾，新娘拜见公婆，新郎和新娘便成为合法夫妻。这种方式本是为速成而采用的一种权变方式，不曾想影响却很大，新娘结婚时头顶红盖头逐渐演化为一种礼俗。

在古代，把这种简易的婚礼形式叫作"拜时婚"。唐人杜佑在《通典》卷59中说：

拜时之妇，礼经不载，自东汉魏晋及东晋，咸有此事。按其仪或时属艰虞，岁遇良吉，急于嫁娶，权为此制。以纱蒙女氏之首，而夫氏发之，因拜舅姑，便成妇道。六礼悉舍，合卺复乖。

比如晋朝时期，拜时婚就曾盛行一时。这时不仅是因为战乱，还因为丧事。礼俗规定，男女双方家庭有丧事，不能在服丧期内婚嫁。而古代丧期太长，很多家庭等不得，便冒丧举行拜时婚。

新娘盖头由谁来揭开，不同时代、不同地区有不同的风俗。在宋代时，是由至亲中的双全女亲来揭开新娘盖头。宋代吴自牧著的《梦粱录·嫁娶》中说：

其礼官请两新人出房，诣中堂参堂……并立堂前，遂请男女双全女亲，以称或机杼挑盖头，方露花容。

这里有祈求吉祥之意。吴地东莱一带的婚俗，新娘盖头要由婆母揭开。前清名臣朱轼《仪礼节略》中说：

> 吴东莱婚礼，婿妇交拜后举蒙头，遂就坐。按内则，女子出门必拥闭其面，蒙头即拥面也，俗谓之盖头。以锦为方帕，横直四尺，女辞父母，拜毕，即以帕盖头，升车至夫家。交拜，必姆为去之。乃合卺。

其实最普遍的习惯，还是新郎亲手为新娘揭开盖头。根据《通典》的说法，唐代新娘的盖头是"夫氏发之"，宋人朱熹也主张揭盖头的人应是新郎，"妇拜，婿答拜，婿为举蒙头"。

新娘红巾蒙首，始是出于权变，后习而成礼成俗。这里面既有模仿行为，又有追求美学的强烈意识。红色是喜庆，是鲜艳。蒙首是含蓄，是朦胧。在盖头揭开之前，人们对新娘的容貌只能去想象。可以想其丑，也可以想其美。这种悬念为新婚增添了无穷魅力。

知识点滴

最早的盖头约出现在南北朝时的齐代，当时是妇女避风御寒使用的只仅仅盖住头顶。到唐朝初期，便演变成一种从头披到肩的帷帽，用以遮羞。

据传说，唐代开元天宝年间，唐明皇李隆基为了标新立异，有意突破旧习，指令宫女以"透额罗"罩头，也就是妇女在唐初的帷帽上再盖一块薄纱遮住面额，作为一种装饰物。后来，从后晋到元代，盖头在民间流行不废，并成为新娘不可缺少的喜庆装饰。

结发夫妻与结婚仪式

相传古时候有一个皇帝，在登基的头一夜，因为担心自己的胡子太短，会让天下人认为自己的学识不够，久久都无法入睡。

皇帝身边的娘娘聪明过人，她看到自己的夫君愁眉不展的样子，就剪下自己的头发，仔细地接在皇帝的胡须上。一夜工夫，使皇帝的短胡子成了长胡子。

第二天，皇帝登基时，手捋胡须，接受满朝臣子的朝拜。臣子惊叹皇帝一夜之间，胡须过脐，真乃"真龙天子"！于是，娘娘剪发结皇帝的胡须就成为结发夫妻的由来。

结发又称合发、合髻。清人沈德潜选编的《古诗源》载汉代苏武诗云：

结发为夫妻，恩爱两不疑。

这说明汉代已把结发和婚姻联系在一起。唐宋两代承袭前代风俗，婚礼中流行举办结发仪式。敦煌《下女夫词》中有合发诗一首，其词云：

本是楚王宫，今夜得相逢。
头上盘龙结，面上贴花红。

北宋欧阳修在谈到婚姻礼俗时，曾提到合发之俗。他翻阅所有的典籍，发现关于结发有3种解释。一种解释说，结发是束发的意思。古代男女幼时披头散发，或略加梳理，到成年时才把头发束起来。男子20岁加冠，女子15岁著笄，笄是束发用的簪子。及笄即是女子许嫁

之年。刚一成年就结婚，夫妻双方自然都是原配初婚，这样的夫妻称为结发夫妻。

还有一种解释说，古代女子许配给人家后，便用一根丝绳把头发束起来，表示自己已有婆家。到举行结婚典礼时，由丈夫亲手解下头绳，重新梳理头发。这种仪式被称作结发。

还有第三种解释，新婚时男女双方各剪下一绺头发，结在一起作为夫妻恩爱的信物。按宋人孟元老《东京梦华录》的说法，男人剪左边头发，女人剪右边头发。为了表示对爱情的忠贞，剪下头发绾作同心结。唐代女诗人晁采的《子夜歌》对这种情形有生动的歌咏：

依既剪云鬟，郎亦分丝发。
觅问无人处，绾作同心结。

这种由头发绾结成的信物，大多保存在女方手中。这3种解释各有各的道理，很有可能这3种文化形态在历史上都存在过。

在我国汉代时期，那时候举行葬仪有这样一个风俗，如果结发妻

因故早折，做丈夫的就会把他们结婚时用的梳子掰开分为两半，在上面还留存着妻的青发几缕，把另外一半随葬入棺，以表示生生不忘结发之妻，纪念结发之恩爱情深。

我国古人在结婚的时候，当新郎把新娘接回家后都要举行结婚仪式，要一拜天地，二拜高堂，然后夫妻对拜，最后饮合卺酒，又称交杯酒。在婚礼仪式中，新郎新娘喝交杯酒是一项重要活动。

喝交杯酒，古时叫作合卺之礼。周朝时这种仪式十分盛行，并被收入官方的礼典。《周礼·昏义》：

婿揖妇以入，共牢而食，合卺而酳。

卺是用葫芦做的酒具。每逢婚亲，人们便取来大小适中的葫芦，居中分开，成为两瓢。新郎新娘各持一瓢，瓢里装上酒，新婚夫妻举瓢同时共饮。饮后将两瓢合为一体，谓之合卺。

　　朋是饮酒，"合卺而朋"，就是饮合卺酒的意思。这是葫芦崇拜文化的一种流变。葫芦形圆仔多，类似于十月怀胎的孕妇。

　　不同时代喝交杯酒的形式也都各不相同。

　　在唐代，喝交杯酒时，让两个小男孩充当卺童，两人手里各捧一个小瓢，瓢里斟上酒，一个卺童说："一盏奉上女婿。"另一卺童说："一盏奉上新娘。"新郎新娘接过对饮。用一对幼儿做卺童，既寓有童贞之义，又暗含求子之情。

　　在宋代，喝交杯酒已不太爱使用瓢具，而是换为酒杯。用彩色丝线将两个酒杯连系在一起，杯内注满酒，新郎新娘各持一杯，同时先喝下半杯，然后换杯，接着再同时喝下余下的酒。

　　彩色丝线有千里姻缘一线牵的含义，也是表示二人心心相连，同心同德。换杯换酒，交叉而饮，含有二人合一、永不分离的意思。也有人将系杯的彩线换成彩绸，中间系上同心结。这种喝交杯酒的形式，一直流传了下来。

　　后来，喝交杯酒又出现一种新的方式。两个酒杯倒满酒，新郎新娘各取一杯，面对面站着，用拿酒的手臂相互套折着，同时喝下杯中酒，喝完后手臂放开。这种喝交杯酒的形式，使新郎和新娘有了身体上的直接接触，因而更具有象征意义。

拜见公婆，古时称拜见舅姑，是婚礼仪式中的一项重要内容。古代礼俗认为，婚姻不仅是婚姻当事人的事，而且是整个家庭的事。新妇进门，不仅是为儿子娶了一个媳妇，而且是为家庭娶来一个能够生儿育女、传宗接代、主持家务、延续家庭的主妇，因而古人特别重视成妇之礼。拜见公婆是成妇的主要内容。

《仪礼·士昏礼》中说，新婚之夜过后，天还未亮，新娘就要起来，沐浴更衣，梳妆打扮，做好拜见公婆的准备。

天一大亮，开始举行拜见之礼。拜见地点一般是在厅堂。公婆先进入拜堂，新妇拿着笲和枣栗等物，随新郎进入。先拜奠神祖，把物品放在祭桌上。然后公婆就座，新妇先拜见公公，公公说几句祝福希望的话，再拜见婆婆。

婆婆将新妇扶起，把笲交给新妇，表示承认新妇成为家庭成员。然后新妇与家庭其他成员一一见面，对长辈要行拜见之礼。接着全家共进早餐。新妇要向公婆进荐一两样主菜，表示尊敬和恭顺。公婆则把甜酒倒进杯里，让新妇饮用，用以表示对晚辈的怜爱。

知识点滴

结发又称束发，成婚之夕，两个新人各自剪下自己的一绺头发，然后再把这两缕长发相互绾结缠绕起来，以誓结发同心、爱情永恒、生死相依、永不分离。

在浙南有关于"结发夫妻"、"束发托身"与"投丝慰情"的民俗。所谓"束发托身"就是原配夫妻择日完婚时，男方要送庚帖，女方要回庚贴。庚贴上要写明姓名、出生年、月、日、时辰和完婚时间。女方回庚帖时，附上一束头发，用红头绳扎着，作为定情托身、以身相许之物，以示结发同心，百年好合。

婚姻

　　婚嫁是人生的一件大事，在民间诸多礼仪往来中，送礼幛是一种古老而常用的形式。幛语用字简短，有一个字的，如结婚用的"喜"字，通常用4个字的较多，如贺婚用的"百年好合"、"佳侣天成"等。

　　我国的对联从唐宋时期流行以来，发展到清代更为昌盛。后来应用到喜庆上面，如喜联、贺联。字数有四言、五言、六言、七言、八言。古往今来的佳联，不胜枚举，形成独具特色的婚联文化。

恭贺新婚送喜幛

在民间诸多礼仪往来中，送贺幛是一种古老而常用的形式。幛是由匾额派生而来的，因匾额笨重，把匾上的题词移到布或者绸上即成为"幛"。贺幛用语都是用来庆贺、颂扬、褒奖喜事的，贺婚喜幛就是其中的一种。

喜幛的颜色分为大红和粉红两种。喜幛的尺寸，民间通常遵守：双幅为一丈四尺，单幅为七尺或七尺半，其中以双幅居多。

贺幛可以横写，也可以竖写。竖写的称贺在右上，落款在左下，当中为幛语，祝贺的年、月、日则竖写在落款左边。

幛语用字简短，多为送礼用的辞句，含有吉利、祝福的意思，因此，所选幛语以妥贴为宜。

喜幛用词多是4个字构成的成语，比如：天作之合、天成佳偶、百年好合、佳偶良缘、喜成连理、花好月圆、鸾凤和鸣、比翼双飞、琴瑟调和、秦晋之好、白首偕老、红鸾天喜、龙凤呈祥、红绳相牵、永偕伉俪、才子佳人、燕侣莺俦、郎才女貌、良辰美景、五世其昌、金玉满堂、满堂富贵、金兰之好、凤凰于飞、珠联璧合、永结同心，等等。

"在天愿作比翼鸟，在地愿为连理枝"是我国唐代著名诗人白居易《长恨歌》中的著名诗句，古往今来，人们都将比翼鸟和连理枝作为恩爱夫妻的最好比喻。

"连理枝"的典故则来自我国古代神话著作《搜神记》中的一则故事。说战国时代的宋国大臣韩凭与妻子何氏两人感情恩爱，但在当时宋君康王无道，因看上何氏的美丽贤淑，便把韩凭囚禁了起来。

何氏暗中写封信给丈夫，信上说："其雨淫淫，河水大深，日出当心。"不料信件却落入了宋王手中。

此信是何氏的绝命诗，其中"日出当心"指的是"心有死志"。

果然，何氏利用陪康王出游的机会跳楼自尽了，韩凭知道后也在不久后殉情自杀了。

康王震怒不已，下令将两人分葬两处，还说"若两人的墓能合在一起，就不再阻止了。"没想到几天后，两座坟的墓地都长出了树来，枝干树叶合抱在了一起，树根也纠缠了在一块儿，树上还有一对鸟儿在鸣叫，声音相当哀婉动人。这就是"连理枝"的典故由来。

"秦晋之好"出自春秋战国时期，那时的秦国和晋国，是两个相邻的强国。有时相互联合，有时相互利用，甚至彼此通婚。

晋献公把自己的大女儿嫁给了秦穆公，史称秦穆夫人。在晋献公去世之后，公子夷吾继位，史称晋惠公。惠公为了加强与秦国的关系，就把太子子圉送到秦国做人质。秦穆公为了表示友好，便将女儿怀赢嫁给了子圉。

不料，子圉偷偷逃回晋国。一年以后，惠公去世，子圉继位，史称晋怀公。

在外流亡了十九年的晋公子重耳，最后来到秦国。由于他才华出众，待人忠厚，秦穆公很欣赏他，便把同宗族的五个女子嫁给了重耳，其中有一个就是太子子圉的秦国前妻怀嬴。

有一天，怀嬴捧着水盆给重耳浇水洗手，重耳洗完了不用手巾擦手，而是把手上的水甩掉。怀嬴生气地说："秦晋两国地位对等，您为什么轻视我。"重耳知道自己错了，马上脱去上衣，把自己囚禁了起来，表示向怀嬴赔罪。

秦晋两国国君通过几个通婚，建立了良好的外交关系，后人便将两姓联姻称为"秦晋之好"。

贺幛是用作祝贺或吊唁的礼物，通常是用整幅的绸布，上面绣着祝贺或者是哀悼的词句。简单的几个字就可以，精致的则要配上一篇华美的幛词和吉祥精美的图案纹样。

喜幛是我国传统礼仪中较常用的祝贺人嫁娶的形式之一，最早为帝王所用，后来逐渐发展到民间，后来成为了一种文雅的交际手段。

知识点滴

布置新房贴喜联

在我国古代神话传说中，相传有一个鬼域的地方，当中有座山，山上有一棵覆盖3000里的大桃树，树梢上有一只金鸡。每当清晨金鸡长鸣的时候，夜晚出去游荡的鬼魂就必须赶回鬼域。

鬼域的大门坐落在桃树的东北，门边站着两个神人，名叫神荼和郁垒。如果鬼魂在夜间干了伤天害理的事情，神荼、郁垒就会立即发现并将它捉住，就用芒苇做的绳子把它

捆起来，送去喂虎。因此，天下的鬼魂都畏惧神荼、郁垒。于是，民间就用桃木刻成他们的模样，放在自家门口，以示辟邪。

后来，人们干脆在桃木板上刻上神荼、郁垒的名字，认为这样做同样可以镇邪去恶。这种桃木板后来就被叫作"桃符"。

到了五代后蜀时期，当时后蜀国的国君孟昶是个喜欢标新立异的国君，他在有一年除夕突发奇想，让他手下的一个叫辛寅逊的学士，在桃木板上写了两句话，作为桃符挂在他的住室门框上。这两句话是：

新年纳余庆，佳节号长春。

前一句的意思是：新年享受着先代的遗泽；后一句的意思是：佳节预示着春意常在。

从此开始，桃符的形式和内容就发生了变化，这不仅表现在开始

用骈体联语来替代"神荼"、"郁垒",而且还扩展了桃符的内涵,不只是辟邪驱灾,还增加了祈福许愿的内容。这就成了我国最早的一副对联。

到了宋代,在桃木板上写对联,已经相当普遍了。同时,随着门神的出现和用象征喜气吉祥的红纸来书写桃符,以往桃符所肩负的驱邪避灾使命就逐渐转移给了门神,而桃符的内容则演化成了用来表达人们祈求来年福运降临和五谷丰登的美好心愿。

"对联"一词的正式出现,则是在明朝初年。当年明太祖朱元璋当上皇帝之后,喜欢排场热闹,也喜欢大户人家每到除夕贴的桃符,就想推广一下。

于是,在这一年的除夕前,朱元璋颁布圣旨,要求金陵的家家户户都要用红纸写成的对联贴在门框上,用来迎接新春。

这年初一的早晨,朱元璋微服巡视,挨家挨户察看。他每当见到写得好的对联,就非常高兴,赞不绝口。他见到一家人没有贴对联,很是生气,就问什么原因。

侍从回答说：这是一家从事杀猪和劁猪营生的师傅，过年特别忙，还没有来得及请人书写对联。

朱元璋就命人拿来笔墨纸砚，为这家人书写了一副对联：

双手劈开生死路；一刀割断是非根。

写完后，朱元璋继续巡视。过了一段时间，朱元璋巡视完毕返回宫廷时，又路过屠户家，见到这家还没有贴上他写的对联，就问是怎么回事？

这家主人很恭敬地回答道："这副对联是皇上亲自书写的，我们高悬在中堂，要每天焚香供奉啊！"

朱元璋听了非常高兴，就命令侍从赏给这家30两银子。

到了清朝，对联的思想性和艺术性都有了很大提高，在当时已成为了一种文学艺术的形式。对联虽然是诗词的一种演变形式，但因其主要功能是用于悬挂张贴，所以必须以书法形式来展现其内容，因此对联在我国书法的表现形式下，成为我国独特的一种文学艺术形式。

古往今来，多少文人墨客都乐于书写对联，用以酬酢赠答，并将对联雅悬斋壁，于吟诵之间品味佳韵，于翰墨之中感悟美文，令人为之倾情。

婚联是按对联所题内容和对象等

的不同而划分的一大类，是指人们用于为他人祝贺结婚这一人生乐事时所题的对联。亲友馈赠婚联为贺，一般具有隆重之义或典雅之趣。当然，婚联要根据张贴场所进行撰制，是非常讲究的。

婚联有四字婚联、五字婚联、六字婚联、七字婚联、八字婚联、九字以上婚联、四季婚联、月令婚联、节日婚联等。其中四字婚联如：

> 东风入户，喜气盈门。
>
> 郎才女貌，龙腾凤翔。
>
> 鸳鸯福禄，鸾凤吉祥。

五字婚联如：

> 喜望红梅放，乐迎新人来。
>
> 祥光拥大道，喜气满闺门。

婚联多取材于诗词、典故、格言、俗语，有些还用动物、植物等词联缀成联。如新房门上常用联：

红叶题诗成佳夫妇，

赤绳系足结好姻缘。

总的说来，结婚，是人生的一件大事，喜庆祝福是婚嫁仪式的重要形式。结婚悬联，已经是我国人民的传统习俗。一副热烈、吉庆、幽默的婚嫁联，往往会给婚礼增加无限的情趣。

知识点滴

传说在盛唐开元年间，玄宗下诏让宫女们缝制军袍，以赏给边塞守军。一位边塞守兵在军袍中发现了一首诗，上面写着："沙场征戍客，寒苦若为眠。战袍经手作，知落阿谁边。蓄意多添线，含情更著绵。今生已过也，重结后身缘。"

这位士兵不敢隐瞒，上报了统帅，统帅又呈报了朝廷。于是，玄宗下令将此诗拿给六宫嫔妃宫女们看，并宣旨说："作此诗者只要坦白出来，我不降罪于她。"

有一宫女上前承认自己罪该万死。玄宗非常同情她，下令将这位宫女嫁给得到诗的那位兵士，边疆将士听到后都很感激。

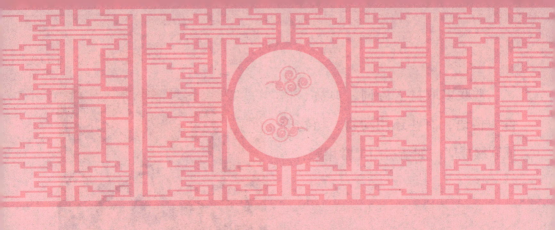

双喜临门成双喜

　　我国广大人们逢有结婚吉庆时，都要在门上、窗户、厅堂和洞房器物上贴上红纸"囍"字，反映了人们盼望喜事成双的心理。传说这与北宋宰相王安石年轻时双喜临门的故事有关。

　　那一年王安石23岁，正值大比之年，他赴京赶考到汴梁后住在舅舅家。饭后漫步在街头，他偶见马员外家门楼上悬挂着一盏走马灯，细细一看，灯上闪出"走马灯，马灯走，灯熄马停步"的对子，他不禁拍手称道："好对呀，好对！"

这时，旁边站着一位老人家，向王安石作揖说道："此上联已贴数月，至今尚无应对，相公既然说好对，请略等片刻，待我禀报员外知道，一定求教。"

王安石因为第二天将要赴考，无暇思忖下联，不等老人家出来便回舅舅家了。

第二天，王安石在考场上对答自如，一挥而就。主考大人见其年纪轻轻，才华横溢，很是十分喜欢。在传王安石面试时，主考官手指厅前飞虎旗吟道："飞虎旗，虎旗飞，旗卷虎藏身。"

王安石想起昨日的上联，便信口吟道："走马灯，马灯走，灯熄马停步。"主考大人听罢，不禁频频点头。

王安石辞别主考大人，回到舅舅家。谁知刚坐定，只见昨日那位老人家匆匆赶来，说道："哎呀！相公，好不容易得知你住此地，快随我走吧，我家员外等着呢！"

王安石随老人家来到马家，马员外见了他，一边施礼让座，一边命人取来文房四宝请王安石写下联。王安石不假思索，便将主考大人的上联挥笔献上："飞虎旗，虎旗飞，旗卷虎藏身。"

马员外见王安石写得龙飞凤舞，很是满意。于是吩咐丫鬟拿与女儿一看。员外女儿一见此对，对得得体，字体遒劲，便含羞点头。

马员外大喜，于是就跟王安石说明："此上联乃小女为选婿所出，悬挂数月竟无人能对。现为王相公对出，真是联句成对，姻缘成双啊！"

马员外立即亲赴王安石舅舅家为女儿求亲，双方定在三天后，为王安石和马小姐完婚。

第三天，正是吉日良辰，忽听大门外人欢马叫，两个报子前来报喜："王大人金榜题名，头名状元，明日一早，皇上亲自召见，请赴琼林宴！"

琼林宴是为殿试后新科进士举行的宴会，始于宋代。宋太祖规定，在殿试后，由皇帝宣布登科进士的名次，并赐宴庆贺。由于赐宴都是在著名的琼林苑举行，"琼林苑"是设在宋京汴京城西的皇家花园。在1112年以前，故该宴有"琼林宴"之称。

王安石一听自己金榜题名，请赴"琼林宴"，真是喜上加喜。顿时鼓乐喧天，鞭炮齐鸣，与马小姐拜过天地，进入了洞房。

新娘粉面含笑，对王安石说道："王郎才高八斗考得状元，又与奴家结为连理，真是大登科遇小登科，双喜临门呀！"

王安石听后，哈哈大笑，便将此事叙述了一遍，说："全仗娘子出得好联，下官何功之有？"

说罢，王安石提笔在红纸上写了一个斗大的红红的"囍"贴于门上，又吟诗一首：

> 巧对联成红双喜，天媒地证结丝罗。
>
> 金榜题名洞房夜，小登科遇大登科。

从此，结婚贴"囍"就在民间流传开来，成为喜庆吉祥的标志。不仅堂屋当间挂"囍"、大门外贴"囍"，而且窗花也剪"囍"，被褥枕头上也绣"囍"，以求得到吉祥如意的彩头。

事实上，这个传说是在贴双喜婚俗的基础上产生的。它之所以为人们津津乐道，就在于它起到了阐释、渲染、传承贴红双喜婚俗的作用。而贴红双喜婚俗真正的起源，应是民间的喜神崇拜，与走喜方、迎喜神等有着密切联系。

在走喜方、迎喜神活动中，喜神主要是婚姻之神。随着喜神影响的逐渐扩大，人们在举行婚礼时，必然更多地向喜神祈福，希望喜神光临洞房，给新人带来更多喜气。然而，喜神自古没有留像，所以人们便根据喜事成双的心理，将两个喜字并连起来作为喜神的标志，张贴于洞房，以祈求婚姻幸福美满。

在历史上，人们也曾创造过喜神的形象，或用和合二仙与祖先神来代替喜神，然而都没有流传开来，因为人们创造的喜神基本上是天官的翻版，没有显著的特色。何况和合二仙与祖先神也不是专门的喜神。只有红双喜这个符图，作为喜神的标志而代代传承了下来，在婚典中仍被普遍使用。

"囍"的贴法很有讲究，"喜"字讲究成双成对，如果单扇门，则门的正反面都应贴"喜"字。家居内的装饰"喜"字也以双数为宜，以示讨个好彩头。

如近期有邻居成亲，邻居家贴的"囍"字还未脱落的，就不要摘除"囍"字，尽量买同样或稍大一点型号的"囍"字盖住原有"囍"字，寓意"喜上加喜"。家中的"囍"字除了会妨碍日常生活的

"囍"字，婚礼第二天可摘除外，大门的"囍"字最好让其自然脱落，或在结婚一年后再进行清理。

过年时人们为了图个口彩，习惯将"福"字倒贴。"囍"字千万不可倒贴，要保持水平位置贴正，很是有讲究呢！

在我国人们心目中，红色意味着吉祥。嫁女娶媳除了要披红挂彩、悬挂喜幛以及张贴喜联和红双喜外，结婚还要分发红喜蛋，不论你是亲友还是陌生人，都可以跟新娘讨要，小孩子就更不用说了，有时候老年人也会来凑热闹。办喜事的人家一定会高高兴兴地把喜蛋送给你。

结婚为什么要分发红喜蛋呢？据说，这个习俗还是从蜀汉皇帝刘备那儿开始的呢。据说在东汉末年，赤壁之战后，刘备凭借荆州为基地，西进占据了益州，北上不断攻击襄阳。这样一来，同时也威胁到了孙权的上游安全。东吴名将周瑜便定下了美人计，准备将孙权的妹妹孙尚香许配给刘备，企图乘刘备过江之机，把刘备扣留下来作为人质，以夺取荆州。

这一计策被刘备的军师诸葛亮识破，于是，刘备去东吴时带了大量染红的鸡蛋。一到东吴，不论宫廷内外大小官吏和将士，刘备逢人便分，无一遗漏，并称这是皇室礼仪。于是被分到红喜蛋的人都感到十分光荣，没有分到红喜蛋的人还纷纷到刘备的住处去讨要。

东吴本来没有这种风俗习惯，都觉得很新鲜，便一传十，十传百，使家家户户都知道东吴公主即将与刘备成亲了。结果假戏真做，刘备得了个好夫人，而周瑜却落得"赔了夫人又折兵"的下场。从此江南人结婚便又添了一个分红喜蛋的风俗。

后来，结婚送红喜蛋的习俗就从江浙传到了全国各地。又因为"蛋"与"诞"谐音，象征着新生与希望，因此，生小孩时也用送红喜蛋的方式向亲友"报喜"。

知识点滴

传说在明代浙江杭州有个方秀才，他上京赶考船过苏州时，看见岸上有户富商悬联招婿。联曰："走马红灯，灯红马走，红灯灭熄，走马停步。"虽然人山人海，却没有人出来应对。方秀才也被难住了，为了不误考期，他只得将对联牢记心中。

到京城开科考试那天，主考大人以"飞虎黄旗"为题出了一联"飞虎黄旗，旗黄虎飞，黄旗翻卷，飞虎藏身。"此时，方秀才不觉心里一亮，便以苏州富商悬联招婿的上联作对，主考大人阅后，大加赞赏，将其录取为进士。

方秀才归途中喜气洋洋，踌躇满志。在途经苏州时，仍见悬联招婿的上联无人对出下联。此时，他便把主考大人出的上联作下联以对。富商一见十分满意，便设宴招方秀才为乘龙快婿。一副巧合的对联竟使方秀才双喜临门，他大喜过望，便在洞房花烛夜的那间新房雪白的墙上，并排而工整地书写了两个大红"喜"字。